POCHES ODILE JACOB

COMMENT AVOIR DE BONNES RELATIONS AVEC LES AUTRES

CHRISTIAN ZACZYK

COMMENT AVOIR DE BONNES RELATIONS AVEC LES AUTRES

Odile Jacob
poches

15, RUE SOUFFLOT, 75005 PARIS

www.odilejacob.fr

ISBN : 978-2-7381-2372-5

ISSN : 1621-0654

Introduction

Avoir de bonnes relations avec les autres est le souhait de la plupart d'entre nous. Pas de conflits, pas d'agressivité, pas de colère, pas de tensions… Mais qui peut se dire : je n'ai jamais de difficultés relationnelles, je ne suis jamais en conflit avec les autres… ? Probablement personne, parce que les désaccords, petits ou grands, font partie de la vie ; nous les rencontrons avec notre patron, nos collègues, notre conjoint, notre famille, dans notre environnement quotidien… Et, parce que, bien souvent, nous savons mal ou pas très bien les gérer, ces désaccords aboutissent à des conflits, des impasses, ont des conséquences sur notre vie que nous regrettons ensuite. C'est d'autant plus dommage qu'ils auraient pu être l'occasion d'avancer, d'évoluer, sur le plan individuel et relationnel.

Mon expérience personnelle et de thérapeute m'a convaincu que si on ne sait pas faire face aux difficultés relationnelles, c'est simplement parce qu'on n'a pas appris. Oui, certaines personnes ont une aisance naturelle qui leur permet d'avoir des relations de qualité. Si on prend le temps de les observer, on s'aperçoit qu'elles utilisent un savoir-faire dans la façon de formuler les problèmes, d'exprimer leurs émotions, de désamorcer les conflits. Elles évoluent avec fluidité dans leurs relations avec les autres. Cette aisance n'est pas innée ; elle a été acquise plus ou moins tôt dans la vie à travers des expériences qui ont permis son ancrage dans la personnalité. Pour beaucoup d'entre nous, ce n'est pas une aptitude naturelle. Pourtant, nous avons tous cette capacité qui peut être développée en traversant de nouvelles expériences correctrices.

Apprendre à accepter le désaccord, à s'exprimer sans blesser l'autre, à ne pas céder à la colère, à ne pas s'enliser dans les émotions pénibles qui accompagnent les difficultés relationnelles. Apprendre à garder de bonnes relations avec les autres même en cas de désaccord. Tout cela repose sur un savoir-faire accessible à tous. Bien sûr, ce savoir-faire suppose une bonne connaissance de soi, une remise en question de certaines certitudes, et d'être actif à chaque moment d'une relation…

Vous trouverez dans ce livre beaucoup de conseils. Je vous engage à procéder pas à pas : choisissez une technique, faites-la vôtre et intégrez-la progressivement dans votre vie relationnelle, sans vous décourager si des difficultés surviennent. Ne cherchez pas à tout faire en même temps. Ne craignez pas d'appliquer « artificiellement » des outils qui ne sont pas « vous ». Allez-y et vous verrez que vous prendrez plaisir à voir un problème relationnel trouver une issue favorable, à préserver une relation, à rester serein dans des circonstances délicates… Vous ressentirez la satisfaction qui accompagne les « petites victoires » sur les conflits, et de pouvoir enfin vous exprimer pleinement sans aucune crainte. Mieux, vous verrez que vous pouvez améliorer vos relations avec les autres, et profiter ainsi du plaisir que procurent des relations de qualité.

PREMIÈRE PARTIE

Quelles difficultés rencontrez-vous avec les autres ? : prenez du recul

CHAPITRE PREMIER

Comment se manifestent les difficultés relationnelles ?

Patricia a des difficultés avec la secrétaire du cabinet juridique dans lequel elle travaille depuis quelques mois ; la secrétaire a dès le début « montré des signes d'hostilité à son égard », dit-elle. Ensuite, tous les événements ont été interprétés à la lueur de cette théorie. Patricia est une jeune femme qui est régulièrement impliquée dans des conflits, sans que jamais elle ne remette en question son propre fonctionnement ; elle met cela sur le compte de la malchance. Le conflit avec la secrétaire ayant pris de plus en plus d'importance, Patricia a choisi de quitter son poste. Quand une difficulté relationnelle se présente, Patricia préfère éviter la situation.

Jacques a une relation difficile avec un de ses collaborateurs. Lors des réunions, ce dernier s'oppose à Jacques ou critique de façon floue ses initiatives. Jacques s'est à plusieurs reprises emporté, dernièrement il a « mouché » son collaborateur au cours de la réunion, ce qui a jeté un froid. Par la suite, Jacques a appris que ce collaborateur était absent car il avait perdu son père. Ayant lui-même vécu cet événement récemment, Jacques a décidé de lui envoyer un message de soutien.

À son retour, le collaborateur a changé d'attitude ; il demande même à Jacques son avis sur certaines décisions, comme si c'était devenu important. D'un conflit silencieux, la relation est devenue constructive.

Julie a des difficultés avec son ex-mari ; il vient chez elle sans prévenir, sans s'assurer qu'elle n'est pas occupée, qu'il ne la dérange pas. Pour éviter le conflit, pensant préserver son jeune fils, Julie préfère céder et ne rien dire. Si elle dit « non », elle pense que les choses seront plus compliquées.

Anne est une jeune lycéenne. Dernièrement, une de ses amies de classe l'a critiquée à plusieurs reprises auprès d'une autre élève ; elle l'a appris et en est très affectée. Elle aimerait lui dire que cela ne se fait pas, mais elle a peur que « cela se termine mal » car elle se trouve très émotive et pense qu'elle ne gardera pas son calme : elle finira par lui dire ses « quatre vérités ».

Que ce soit au travail, dans notre vie affective ou familiale, les désaccords sont chose courante dans notre univers relationnel. Les difficultés relationnelles peuvent revêtir bien des aspects. Et la façon de s'y adapter varie considérablement d'une personne à une autre.

Pour décrire les difficultés que nous rencontrons dans certaines de nos relations, nous utilisons des expressions telles que : « Il y a de l'électricité dans l'air », « Le courant ne passe pas ». Autant de métaphores qui nous permettent d'exprimer que « quelque chose d'indéfini ne marche pas » dans la relation entre deux personnes ou plus.

Nous avons tous à l'esprit une image de conflit sous la forme d'une querelle mouvementée, de portes qui claquent ou pire encore… Outre ce type de difficultés, il y a les conflits silencieux, en apparence moins bruyants, mais tout aussi dévastateurs.

Rencontrer des difficultés relationnelles est inéluctable. Imaginer un monde sans conflit serait sans doute illusoire. D'abord parce que les relations sont rarement idéales, ensuite parce que beaucoup de paramètres dans une relation tels que le contexte, l'histoire personnelle de chacun nous échappent.

Cependant, toute difficulté, tout désaccord n'évoluent pas vers un conflit. Et, sur ce point, nous sommes assez inégaux. Nos difficultés relationnelles se manifestent différemment parce que les proportions et les conséquences que nous prêtons à ces difficultés dépendent beaucoup de notre personnalité. Chaque personne a des réactions émotionnelles et comportementales qui lui sont propres. Le style relationnel, l'attitude que l'on va adopter peuvent améliorer ou aggraver les difficultés. On sait, par exemple, qu'untel dramatise toujours, qu'unetelle « se braque ».

Ces difficultés relationnelles se manifestent en nous par des émotions négatives et des comportements qui ne sont pas forcément les mieux adaptés pour améliorer la situation. Quand nous parlons de difficultés relationnelles, nous exprimons en effet à la fois ce que nous ressentons émotionnellement (anxiété, colère, tristesse…), ce que nous pensons de la relation (est-elle source de souffrance, d'anxiété, d'agressivité ?), et enfin les comportements que chacun adopte au sein de cette relation.

Ces émotions, ces pensées, ces comportements seront un exemple de cibles que nous pourrons apprendre à améliorer. La gestion des conflits commence par la prévention, c'est-à-dire repérer les désaccords, faire circuler la parole, éviter les échanges contradictoires. Pour cela, encore faudrait-il abandonner les idées reçues comme « il ne faut pas se laisser marcher sur les pieds » ou la vision très thermodynamique, mais bien réductrice, que la colère serait pour l'organisme comme la vapeur dans une Cocotte-Minute et qu'il faudrait « que ça sorte » sous peine d'explosion. Ce n'est pas si simple ; nous avons tous le souvenir de « grosses colères » qui n'ont pas été salvatrices – bien au contraire, parfois vécues comme un débordement émotionnel suivi d'une impression de malaise ou de culpabilité de « n'avoir pas réagi avec maîtrise ». Les difficultés relationnelles sont autant d'épreuves de réalité où nos émotions peuvent prendre le dessus sur notre raison.

Lorsqu'elles dégénèrent en conflit, nos difficultés relationnelles peuvent avoir des conséquences négatives sur le plan personnel ou professionnel. Elles se manifestent également par leurs conséquences sur notre santé, en influant autant sur notre santé physique que psychique. De nombreuses études ont montré qu'il y a moins de dépressions, d'anxiété, de suicides, de maladies cardio-vasculaires, d'infections, d'hypertension et de cancers chez les personnes qui ont de bonnes relations avec les autres, qui se sentent entourées et aimées par leurs proches. Il existe même une thérapie de la dépression qu'on appelle la « thérapie interpersonnelle » où l'amélioration des contextes interpersonnels permet de traiter la dépression au même titre qu'un traitement antidépresseur ou qu'une thérapie cognitivo-comportementale. Cette thérapie brève propose des stratégies pour résoudre les conflits, sortir de l'isolement social… Cela montre à quel point l'univers relationnel dans lequel nous évoluons est important.

CHAPITRE 2

Quel est votre profil dans le conflit ?

Quand nous avons affaire à des difficultés relationnelles, nous réagissons presque toujours de la même manière. Sans qu'il soit explicitement formulé, notre « profil » est souvent connu de notre entourage. On sait par exemple que cet ami est susceptible et démarre « au quart de tour », qu'un autre n'ose rien dire quand une difficulté se présente, ou que celui-ci est rancunier. En situation, tout se passe comme si un déclic mettait en route chez nous une machinerie bien huilée : la façon dont nous faisons face à une difficulté relationnelle. On sait que plus l'émotion induite est forte, plus notre réponse comportementale habituelle prendra le pas sur toute démarche raisonnée. Ce mode de réponse automatisée dépend de l'histoire de chacun : la relation aux parents dans l'enfance, aux frères et sœurs, les modèles de relation dans la famille, les apprentissages précoces sur la façon de réagir, les expériences de vie qui ont renforcé ces apprentissages…

Avez-vous un profil type ?

Les différents profils présentés ci-dessous ne correspondent pas à des catégories psychologiques fixes issues de manuels de psychiatrie. Ils sont plus un mode de fonctionnement (émotions, pensées, comportement) dans une situation donnée. Le profil correspond à la façon de penser, de vivre ses émotions, de se comporter (réactivité comportementale) en situation de conflit. La réactivité comportementale, ce sont les comportements et attitudes que vous adoptez lors de ces conflits en réaction à des déclics (voir page 60). Cette réactivité peut être différente en fonction du contexte et du lien affectif qui nous lie à d'autres. Par exemple, il se peut qu'on réagisse de façon agressive à une critique d'un proche, alors que la même critique émanant d'un collègue de travail déclenchera une tout autre réaction.

Vous vous retrouverez peut-être dans plusieurs profils : personne ne se laisse si facilement enfermer dans une grille de lecture. De même, selon le principe que « l'affectif est plus fort que la raison », il se peut que votre façon de réagir (réactivité comportementale) soit très différente, voire opposée, selon le contexte : en famille, dans la relation amoureuse où l'affectif est à son paroxysme, au travail… Ainsi vous êtes peut-être agressif dans les difficultés relationnelles au sein de votre couple, et très calme et affirmé au travail… Mais le profil que vous adoptez dans une difficulté relationnelle est souvent le même dans des contextes donnés selon que votre position par rapport à l'autre est hiérarchique, symétrique, ou encore affective.

Ce qui est important, c'est que vous puissiez vous reconnaître dans l'un des profils (et éventuellement selon le contexte) pour mieux repérer vos fonctionnements, ce qui est déjà un point de départ pour le changement. Enfin, votre profil n'est peut-être pas présent dans la liste qui suit ; vous pouvez aisément avec les exemples donnés fabriquer votre propre profil, qui vous servira de base pour votre plan de changement. L'important n'est donc pas de se reconnaître de façon rigide dans un des profils, mais de bien repérer ses fonctionnements répétitifs.

Repérez notamment vos comportements agressifs, inhibés… Ces comportements vous donnent un profil plus ou moins efficace pour faire face à la difficulté relationnelle. En revanche, le comportement dit « affirmé » apparaît comme nous allons le voir le plus adapté à la résolution du conflit naissant ou installé.

Agressif

Maryse est assise derrière son bureau, quand son patron arrive. « Il est nerveux en ce moment, il m'énerve, dit-elle, il n'explique rien. » Ce matin, il est entré dans mon bureau et m'a dit : « Vous avez oublié de dire à Dupont… enfin vous n'avez pas été claire ! » Maryse a commencé à se dire : « Ce n'est pas possible que j'aie oublié », puis : « On remet en cause ce que je fais ! », « Je ne sers donc à rien ici ». Elle lui a répondu avec agressivité : « On n'est jamais si bien servi que par soi-même. » Quand son patron est sorti, Maryse a claqué violemment le tiroir de son bureau. Quand Maryse m'en parle, elle s'en veut d'avoir réagi aussi « bêtement », puis c'est la culpabilité, l'autodépréciation : « J'ai été nulle. »

Que s'est-il passé ? Pourquoi Maryse a-t-elle réagi, comme elle le dit ensuite, « bêtement » ? Elle s'est sentie attaquée. C'est le déclic (ici la perception d'une attaque) qui a mis en route la machinerie comportementale.

Il s'agit bien d'une perception plus ou moins proche de la réalité. La situation a été interprétée comme telle. Nous le verrons plus loin (voir page 31), nous effectuons une lecture de la situation réelle et retenons des hypothèses plus ou moins fiables en fonction de notre état émotionnel.

Débordée par l'émotion, Maryse a mis en place une stratégie qu'elle utilise toujours en pareil cas : la contre-attaque. Ce comportement est chez elle quasiment automatique dès qu'il s'agit de ventiler un débordement émotionnel. On peut dire que l'émotion s'empare de la raison. Cela ne signifie pas que Maryse soit agressive en permanence. Il s'agit d'une agressivité liée au contexte. Maryse est par ailleurs très agréable et appréciée par ses collègues.

Le profil agressif correspond à un mode de réactivité comportementale assez facilement repérable. Cette personne utilise l'agressivité pour faire face à une situation où elle se sent stressée ou attaquée (ici une critique assez floue). L'agressivité peut prendre beaucoup de formes différentes, de la plus explosive (violence physique, violence sur objets, violence verbale) à des formes plus discrètes.

Le profil agressif en quelques points

- Répond aux difficultés relationnelles par l'agressivité.
- A du mal à contrôler ses émotions.
- S'affirme dans l'agressivité.
- Son image de soi est facilement attaquée.
- Se représente un gagnant et un perdant dans le conflit.

Passif-agressif

Le patron d'Arthur lui demande de s'occuper du dossier d'un client. Arthur accepte mais dès que le patron est sorti de son bureau, il se dit : « Je m'en fous, je ne le ferais pas. » Puis Arthur commence à ruminer et se dit : « J'ai dit oui mais je ne le ferai pas, je dirai que je m'en occupe et puis je vais laisser traîner comme d'habitude… » Effectivement, Arthur ne s'en occupe pas. Au moment, où son patron vient le relancer, il lui dit : « Oui, oui, j'allais m'en occuper », mais il laisse traîner. Dans les jours qui suivent, on ne retrouve pas le dossier. Arthur ne comprend pas, il était sur le point de s'en occuper.

Finalement, nous pouvons tous faire preuve de comportements passifs-agressifs quand il s'agit d'éviter en apparence des difficultés relationnelles, comme le souligne bien Stéphanie quand elle dit : « Je préfère éviter le conflit quand ma mère me demande quelque chose que je ne veux pas faire plutôt que de commencer à rentrer dans des explications interminables qui pourraient mal finir… »

De crainte d'avoir à affronter l'autre, la personne passive-agressive s'oppose ou fait comprendre dans un langage non verbal son émotion hostile. Les comportements d'opposition ne sont pas actifs, ils reposent sur le fait de ne pas faire. Mais il n'y a pas de conflit ouvert.

Le profil passif-agressif en quelques points

– A peur de l'affrontement.
– Ne sait pas dire « non ».
– Cache son jeu relationnel.
– Exprime son agressivité passivement (ne fait pas les choses).

Faux-calme

Jean est réputé dans son travail pour être très agréable, conciliant, assez peu dans le conflit. Pourtant ses colères sont aussi légendaires. On sait que, s'il s'y met, cela surgit de nulle part, avec une ampleur disproportionnée par rapport à l'événement… Et c'est tout le monde aux abris !…

Le profil faux-calme, c'est une personne dont on ne s'attend pas à la réaction contrairement au profil agressif. La réponse agressive peut ici survenir quand le stress relationnel est important. Les conséquences relationnelles sont finalement modérées. « On a tous été surpris ! » me disait son collègue. C'est une personne qui ne recherche pas le conflit. Il perd son calme si on le pousse hors de ses retranchements. Ses colères peuvent surprendre tout le monde car, contrairement au sujet agressif, elles sont inattendues et tranchent avec le calme habituel.

Le profil faux-calme en quelques points

- Semble maîtriser ses émotions.
- A de bonnes relations en dehors des conflits.
- Est peu conflictuel.
- A des épisodes de colère explosive et inattendue.
- Peu rancunier.

Impulsif

« Je n'ai pas compris, me dit Paul. Lorsque mon client m'a dit que j'étais en retard, je lui ai rendu son contrat sans réfléchir et lui ai dit d'aller se faire voir. Au bout du compte, après, je me suis aperçu que j'avais perdu un client… » Paul est toujours comme ça dès qu'il se sent attaqué. Il s'aperçoit après coup de la soudaineté de sa réaction qui lui a échappé.

La personne impulsive a du mal à accepter la frustration qui déclenche instantanément sa colère. Il y a une vraie défaillance des représentations de la situation : les pensées sont noyées dans l'émotion. La personne « voit rouge ». Elle met en actes sa colère sans avoir eu le temps de penser. Dans ce cas, elle n'évalue pas les conséquences. Même si elle le regrette après, dans l'instant elle n'a pas su se contrôler.

Le profil impulsif en quelques points

– Se sent facilement attaqué.
– Démarre au quart de tour.
– Présente une défaillance de la représentation des conséquences.
– Traduit facilement ses émotions en actes.
– Perd facilement son self-control.

Parano

« Je ne suis pas idiote, affirme Colette avec rage. J'ai bien vu que mes collègues étaient contentes que je me plante dans mon exposé… Leurs sourires entre elles au cours de la réunion, leurs messes basses à la sortie de la salle… »

Le profil parano est habité par l'interprétation malveillante des pensées et des intentions d'autrui. Les relations de cette personne sont superficielles, car elle pense qu'il ne faut pas faire confiance, et qu'on pourrait chercher à lui nuire. Dans de telles conditions, on comprend que cela puisse entraîner des réactions brutales et inadaptées à la situation réelle. On peut tous être un peu parano dans une situation, d'autant qu'on n'est pas sûr de soi. Mais cela n'envahit pas tout notre champ relationnel.

Le profil parano en quelques points

- Se méfie des autres.
- Ne fait pas confiance.
- Perçoit une malveillance dans les difficultés relationnelles.
- Se « fait des films ».

Victime

Claude est en différend avec Éric parce que celui-ci lui a fait plusieurs critiques de suite. Claude ressent un sentiment d'injustice et se plaint auprès de ses amis du comportement d'Éric. Il pense que « ça n'arrive qu'à lui et qu'Éric profite de sa faiblesse de caractère pour l'attaquer ». Claude se sent désarçonné et se plaint auprès des personnes de son entourage plutôt que de rechercher des solutions qui lui permettraient d'améliorer la situation.

Dans le conflit, on a tendance à imaginer une escalade symétrique qui conduit à un débordement d'agressivité de toutes parts. Dans le cas du profil victime, il n'y a pas à proprement parler de conflit extériorisé puisque la victime est inhibée, voire sidérée, et ne trouve plus les ressources nécessaires pour sortir de la difficulté relationnelle. Elle adopte un comportement d'inhibition comportementale dans la difficulté et se réfugie dans une position de victime où on la fait souffrir. Toute critique ou perception d'attaque la plonge dans un état de souffrance dont l'autre est responsable. L'estime de soi du profil victime est touchée dans la difficulté relationnelle.

Le profil victime en quelques points

– Est toujours en « position basse » dans la relation.
– Est inhibée dans la relation conflictuelle.
– Se plaint plus qu'elle n'agit.
– Est défaillant dans la recherche de solutions.

Hystérique

« On n'a pas compris, me dit Ghislaine. Jennifer est rentrée en furie pendant la réunion et nous a fait un drame parce qu'on ne l'avait pas prévenue. Elle nous a dit que c'était scandaleux, puis, jetant les dossiers par terre, elle est partie en claquant la porte. Une collègue nous a dit qu'avec Jennifer, c'était toujours comme ça quand elle se sent exclue… »

Il ne s'agit pas ici de la personnalité hystérique au sens freudien avec sa problématique sexuelle (ce n'est pas le lieu d'en discuter). Le comportement dans ce profil est marqué par le côté démonstratif de la réaction. Nous utilisons tous cette expression pour qualifier une personne qui se fait remarquer, dont l'expression des émotions est débordante. On dit couramment « il ou elle est arrivé complètement hystérique ! ».

Une difficulté relationnelle prend rapidement, pour une personne qui a ce profil, une connotation dramatique et théâtrale : les larmes, les cris fusent facilement.

Le profil hystérique en quelques points

- Place trop d'affectif dans ses relations.
- Est démonstratif dans ses émotions.
- Dramatise les difficultés relationnelles.
- Théâtralise le conflit.
- Ressent un besoin exacerbé de séduire et d'être aimé.

Narcissique

« Mon père, dit Benoît, veut toujours avoir raison. Sous prétexte qu'il a un poste à haute responsabilité, il croit tout savoir. C'est vraiment monsieur Je sais tout. L'autre jour, un de mes amis a commencé à aborder un sujet politique avec lui. J'avais beau faire des signes à mon ami pour l'implorer d'éviter ce type de discussion avec mon père, il a continué. Le ton est monté. Ma mère a arrêté la conversation, mais ça a jeté un froid… Du coup, mon père ne veut plus le revoir à la maison. »

Le profil narcissique se comporte comme s'il ressentait une sorte de toute-puissance, comme si le monde était centré sur lui. Ce type de personne est imbue d'elle-même. Elle a toujours raison et daigne à peine écouter une opinion différente de la sienne. Toute remise en cause est perçue comme une faille qu'il faut vite combler pour sauver le paraître. Si l'on s'oppose à cette personne, elle veut sortir vainqueur. Les discussions argumentées, les tentatives de convaincre sont à éviter avec ce type de profil car l'agressivité pointe vite son nez dès que cette personne sent sa position haute vaciller… Elle n'accepte pas la position symétrique, encore moins la position basse (voir page 122).

Le profil narcissique en quelques points

- Est toujours en position haute.
- N'exprime pas ses émotions.
- N'écoute pas l'autre.
- Ne remet pas en cause ses opinions.
- Veut sortir vainqueur.

Affirmé

Caroline se fait alpaguer par une collègue très en colère parce qu'elle n'a pas éteint son ordinateur la veille : « Tu comprends, ce n'est pas normal ; avec toi c'est toujours comme ça ! » Caroline l'écoute avec attention. « Je vois que tu es en colère parce qu'à plusieurs reprises, je n'ai pas éteint l'ordinateur... Hum !... Tu as raison... Je te propose de mon côté d'y prêter plus d'attention et du tien, n'hésite pas à me le rappeler... »

Si vous avez ce profil, j'ai presque envie de vous dire que vous n'avez pas besoin de ce livre ; et que gérer les difficultés relationnelles est naturel chez vous. Cependant, comme je l'ai dit plus haut, plus il y a d'affectif, plus on s'éloigne de ce profil. Pour cette raison, les outils qui suivent ne pourront que vous aider à renforcer cette aptitude plus ou moins présente chez vous selon les circonstances.

Il ne faut pas oublier de se dire que l'on fait ce que l'on peut. On peut commettre des erreurs et il ne faut pas tomber dans l'idéalisation et espérer « toujours bien réagir ... ».

Le profil affirmé en quelques points

- Écoute l'opinion de l'autre.
- Tient compte des émotions de l'autre.
- Accepte la critique.
- Ne cherche pas à sortir « gagnant » dans le conflit.
- Suggère des alternatives.

Évaluez votre profil

Questionnaire

Ce questionnaire se propose de vous donner une indication sur votre profil. Cochez les formulations qui vous correspondent :

- Je n'exprime pas mes émotions car c'est un signe de faiblesse (**8**)
- J'accepte facilement la critique (**9**)
- Je mets trop d'affectif dans mes relations (**7**)
- Je perds souvent le contrôle (**4**)
- Je me méfie des autres (**5**)
- Je m'affirme dans l'agressivité (**1**)
- Je dramatise facilement les difficultés relationnelles (**7**)
- Je passe à l'acte facilement quand mes émotions débordent (**4**)
- Je veux sortir gagnant(e) dans les difficultés relationnelles (**1**)
- J'ai du mal à rechercher des solutions (**6**)
- Je ne sais pas dire « non » (**2**)
- Je ne cherche pas à sortir « gagnant(e) » dans le conflit (**9**)
- J'exprime mon agressivité passivement (**2**)
- J'ai l'impression de maîtriser mes émotions mais j'explose (**3**)
- Je réponds aux difficultés relationnelles par l'agressivité (**1**)
- Ma colère est souvent explosive et inattendue (**3**)
- Je démarre au quart de tour (**4**)
- Je ne remets pas en cause mes opinions (**8**)
- Je suis habituellement calme et ma colère surprend tout le monde (**3**)
- J'ai du mal à contrôler mon agressivité (**1**)
- J'ai un besoin important de séduire et d'être aimé(e) (**7**)
- J'écoute l'opinion de l'autre (**9**)
- J'ai peur de l'affrontement (**2**)
- Je ne fais pas confiance (**5**)
- Je me fais des films où l'autre m'en veut (**5**)
- Je me sens toujours inférieur(e) dans la relation (**6**)
- Je tiens compte des émotions de l'autre (**9**)
- Je me plains plus que je n'agis (**6**)
- Je ne supporte pas la position basse (**8**)
- Je suis démonstratif(ve) dans mes émotions (**7**)
- Je me sens perdant(e) si je change d'opinion ou que je reconnais une critique (**8**)
- Je suis inhibé(e) dans les difficultés relationnelles (**6**)
- Je ne supporte pas la critique (**8**)
- Je perçois une malveillance dans les difficultés relationnelles (**5**)
- Je me sens facilement attaqué(e) (**1**)
- Je vois rouge tout de suite (**4**)

- Je mets en scène le conflit pour que cela se remarque (**7**)
- J'implique l'autre dans la recherche de solutions (**9**)
- Je cache mes ressentis agressifs (**2**)
- Je suis peu conflictuel(e) mais parfois je ne me contrôle pas (**3**)
- Ce que dit l'autre ne m'intéresse pas (**8**)

Résultats

Plus vous avez de réponses dans un même chiffre, plus vous êtes dans le profil correspondant à ce chiffre. Comme nous l'avons vu, vous pouvez avoir des profils différents de réactivité comportementale selon le contexte. Faites le calcul et référez-vous plus haut au profil correspondant.

Vous avez une majorité de 1,
vous avez un profil plutôt agressif (voir page 17).

Vous avez une majorité de 2,
vous avez un profil plutôt passif-agressif (voir page 19).

Vous avez une majorité de 3,
vous avez un profil plutôt faux-calme (voir page 20).

Vous avez une majorité de 4,
vous avez un profil plutôt impulsif (voir page 21).

Vous avez une majorité de 5,
vous avez un profil plutôt parano (voir page 22).

Vous avez une majorité de 6,
vous avez un profil plutôt victime (voir page 22).

Vous avez une majorité de 7,
vous avez un profil plutôt hystérique (voir page 23).

Vous avez une majorité de 8,
vous avez un profil plutôt narcissique (voir page 24).

Vous avez une majorité de 9,
vous avez un profil plutôt affirmé (voir page 25).

CHAPITRE 3

Comment vivez-vous les relations difficiles ?

Votre façon de voir la réalité est-elle fiable ?

Vous avez probablement remarqué, chez vous, chez des personnes de votre entourage, que notre façon de penser (la façon dont nous nous racontons ce qui se passe) conditionne largement la perception d'une situation ou d'un événement. Par exemple, vous avez identifié que telle personne – ou peut-être vous-même – « voit toujours les choses en noir » ou « ne voit que la bouteille à moitié vide », alors qu'elle pourrait tout à fait en voir le « côté positif » ou « la moitié pleine ». Mais cette personne dont il est question vous répondra, comme me le disent beaucoup de patients qui se heurtent à la difficulté de changer : « C'est dans ma nature ! » Ce que ces patients entendent par cette expression, cette notion de « nature », de « façon de penser », c'est le style cognitif (la façon dont on traite l'information qui vient de la réalité). On comprend aisément que le style cognitif va prédestiner la connotation « agréable, désagréable », « positive, négative », « apaisante, angoissante » du discours intérieur qui, tel une voix off au cinéma, raconte une histoire comme une farce ou un drame.

Les cognitions

Les cognitions sont ce que je me dis et me représente au sujet de la situation. Le style cognitif est la façon dont on traite l'information. Les cognitions sont dépendantes du style cognitif (la connotation générale des cognitions) de l'individu : par exemple, le sujet pessimiste a des pensées avec une connotation négative, alors que le sujet optimiste a des pensées avec une connotation positive. Les cognitions ne sont pas soumises à un raisonnement logique, ce qui explique qu'elles peuvent comporter des distorsions. Elles peuvent être très furtives, si automatiques qu'on n'y prête pas attention consciemment.

Dans une situation donnée, nous ressentons des émotions tout autant que nous pensons. Les pensées surgissent parallèlement aux émotions avec un aller-retour à travers les sensations physiques : toutes s'imbriquent et se renforcent simultanément comme l'illustre le schéma qui suit :

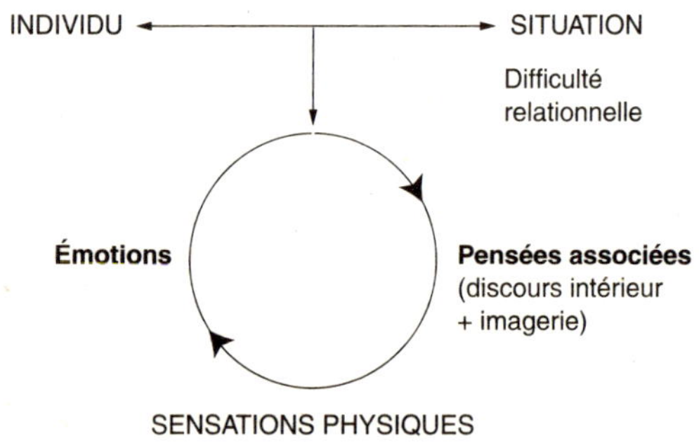

Ainsi, la colère dans une situation de difficulté relationnelle se traduit à la fois physiquement dans le corps (sensations physiologiques comme des battements du cœur, une chaleur au niveau du visage…), et par des pensées à connotation hostile. Ces pensées sont de l'ordre du discours que l'on se tient et des images qui nous viennent à l'esprit au sujet de cette situation.

À retenir

– Chaque situation vécue ou imaginée génère en nous des émotions liées à des pensées.
– Les pensées sont une représentation psychique faite d'images et d'un discours intérieur.
– Certaines situations déclenchent l'apparition de pensées automatiques qui peuvent nous échapper.
– La façon dont nous pensons dépend du style cognitif de chacun.

Avez-vous tendance à anticiper les relations difficiles ?

Avant une situation que nous redoutons, nous nous représentons souvent l'événement sous forme d'images et d'un discours intérieur. Les anticipations sont la visualisation présente des événements futurs, bien sûr à travers le style cognitif de chacun (c'est vous qui mettez en scène le film). Cette anticipation par des images et un discours intérieur suffit à générer l'émotion : le cerveau ne fait pas la différence entre une scène réelle et une scène visualisée. Comme nous allons le voir avec l'exemple d'Hervé, imaginer la scène peut donc suffire à générer l'angoisse et l'inquiétude. Dès lors, on comprend que l'anticipation d'une difficulté relationnelle risque de modifier le comportement dans le sens, par exemple, de l'évitement de la personne, de l'inhibition de certaines initiatives. Une anticipation peut cependant être positive comme négative.

> Hervé craint un rendez-vous avec son amie Isabelle. La dernière fois qu'ils se sont vus, ils se sont quittés fâchés. Peu importe la nature du différend, ce qui nous intéresse, c'est la façon dont Hervé anticipe la suite.
> Il n'ose, dit-il, imaginer de la rappeler car il prédit une issue défavorable à son appel. En échangeant avec Hervé, il est assez facile de préciser ses anticipations :

MOI — *Hervé, comment vous représentez-vous la scène si vous appeliez Isabelle ?*
HERVÉ — *Oh ! Je préfère ne pas imaginer...*
MOI — *Essayons tout de même si vous voulez bien, cela nous permettra de comprendre comment vous faites des prédictions... Quand vous pensez à ce coup de fil, qu'est-ce que vous vous dites ?*
HERVÉ — *Ça va mal se passer. Isabelle va me raccrocher au nez. Elle ne va plus vouloir me voir.*
MOI — *Quelles images vous viennent ?*
HERVÉ — *Je vois Isabelle décrochant brutalement à mon appel. Je vois la colère sur son visage. Elle me répond de façon brutale. Elle me raccroche au nez.*

Il est possible que la prédiction d'Hervé se réalise, mais de là à penser que cela est sûr à cent pour cent... Hervé n'a pas imaginé d'autres anticipations plus favorables puisqu'il a l'habitude de penser ainsi. Or, dans la même situation, tout le monde n'aurait pas prédit le même scénario.

Testez sur vous le pouvoir de l'imagerie

Pour vous montrer l'impact des images sur ce que vous ressentez, imaginez une situation passée ou future que vous redoutez ou avez redoutée.

Observez ce que vous ressentez quand vous visualisez les images. Quelles sont les émotions, les sensations physiques qui accompagnent cette image ? Percevez l'effet que cette anticipation a sur vous.

Maintenant, gardez cette scène en tête, et essayez de lui faire prendre un cours différent. Par exemple, vous vous voyez bafouillant dans un exposé, puis vous vous voyez à l'aise vous exprimant avec emphase. Ou bien vous vous voyez aller trouver votre collègue de bureau pour lui balancer ses quatre vérités avec agressivité, puis vous vous voyez poser le problème clairement avec assurance et calme…

Explorez comment vous pouvez expérimenter dans votre corps des palettes d'émotions différentes en fonction des images que vous visualisez. Voyez comme votre cerveau est sensible aux images comme si elles étaient réelles. Car lorsque vous vous inquiétez et que vous visualisez une éventuelle catastrophe votre cerveau déclenche une émotion comme celle que vous pourriez avoir dans la situation réelle.

L'anticipation a souvent plus d'effet que la situation réelle. Par exemple, si une personne a peur de devoir présenter un exposé en public, il est fréquent que cela se passe mieux que prévu. Mais l'émotion générée auparavant est aussi forte que « si c'était vrai ». Vous n'êtes pas dans la situation et pourtant vous y réagissez comme si vous y étiez. Certaines personnes ont la chair de poule à la simple évocation en pensée d'une situation. À l'inverse, certains sportifs de haut niveau utilisent cette particularité pour augmenter la concentration avant la performance. On observe même chez les plongeurs en apnée des modifications physiologiques proches de l'exposition réelle.

Nous verrons que modifier l'imagerie permet de repérer les cognitions associées comme si vous étiez en situation et d'apprendre de nouveaux comportements.

Nous allons voir quelques-unes des prédictions les plus fréquentes qui sont une entrave à la résolution des difficultés relationnelles et qui, contre le gré du principal intéressé, entretiennent en fait les conflits.

« J'ai peur des conflits »

Cette pensée est fréquente chez ceux ou celles qui ont des difficultés à s'affirmer.

Jennifer a une sœur très autoritaire dont toute la famille a peur. Elle s'impose souvent, n'écoute pas les autres et ne tient pas compte de l'opinion de Jennifer.

MOI — *Qu'est-ce qui vous pose problème avec votre sœur ?*

JENNIFER — *Ce n'est pas simple avec ma sœur, elle veut tout régir. L'autre jour, elle a débarqué chez nous sans prévenir. Si on avait dit quelque chose, on en aurait entendu parler.*

MOI — *Au fond, vous me dites que vous n'osez pas dire à votre sœur ce que vous ressentez et lui poser des limites ?*

JENNIFER — *Ça ferait un drame ! Et puis je n'ai pas envie de rentrer dans un conflit.*

MOI — *Comment imaginez-vous que pourrait survenir le conflit ?*

JENNIFER — *Si je lui disais non ou si je lui donnais mon avis, elle me culpabiliserait en me disant que je ne veux pas la voir.*

MOI — *Je comprends, vous n'osez pas vous exprimer de peur que votre sœur vous fasse des reproches ?*
JENNIFER — *Oui, c'est ça. Ça vaut mieux...*
MOI — *Et comment cela évoluerait-il en conflit ?*
JENNIFER — *Ça monterait et ça finirait par une engueulade.*
MOI — *Quelles conséquences imaginez-vous ?*
JENNIFER — *Nous serions fâchées définitivement.*
MOI — *Finalement, j'ai l'impression que vous avez peur de heurter votre sœur en affirmant votre opinion, vos ressentis, et que vous imaginez au bout du compte la rupture définitive.*
JENNIFER — *C'est peut-être un peu exagéré, mais vous ne connaissez pas ma sœur.*
MOI — *Comment pensez-vous que vous pourriez faire évoluer la relation avec votre sœur ?*
JENNIFER — *C'est impossible.*
MOI — *Comment ça ?*
JENNIFER — *Ça a toujours été comme ça !*
MOI — *Vous pensez que la relation ne peut pas évoluer parce qu'il en a toujours été ainsi. Cela vous semble sûr à cent pour cent ?*
JENNIFER — *Peut-être pas mais pour une grande partie.*
MOI — *Je vous propose que l'on réfléchisse ensemble sur la relation idéale que vous imaginez et que l'on puisse repérer les comportements que vous aimeriez améliorer chez vous et qui entretiennent les difficultés...*

La peur du conflit correspond à un ensemble d'anticipations plus ou moins floues qui n'augurent rien de bon si l'on essaie d'aborder les vrais problèmes ou de modifier son comportement dans la difficulté relationnelle. Ce type d'anticipations est en réalité un véritable frein au changement : il conduit à un comportement inhibé où l'on subit plutôt que de faire face à la difficulté que nous pose l'autre. On voit ainsi des conflits silencieux perdurer et se déplacer dans d'autres situations parce que l'on pense préserver la relation par des artifices relationnels.

« Ça va mal se passer »

Vous aurez noté que, dans l'exemple qui précède, la peur du conflit est souvent associée à l'anticipation négative : « Ça va mal se passer ! » Quand on interroge les personnes ayant ce type d'anticipations, on est surpris d'entendre des scénarios catastrophes aucunement remis en cause. Le pire est envisagé : l'imagerie montre souvent la perte de contrôle de l'autre ou de soi-même. Les images sont pleines d'une violence verbale et physique.

C'était le cas de Jérôme qui n'osait pas aller s'expliquer avec son supérieur hiérarchique et voyait les images d'un affrontement physique lorsqu'il pensait : « Ça va mal se passer… »

> Fabrice, lui, n'ose pas aller parler à un de ses collègues qui s'est approprié un de ses projets. Fabrice le décrit comme quelqu'un d'autoritaire, sûr de lui, parlant souvent fort.

MOI — *Si vous alliez voir votre collègue pour lui dire ce que vous ressentez, que se passerait-il ? J'ai l'impression que vous imaginez déjà la scène ?*

FABRICE — *Je n'ose même pas y penser…*

MOI — *Essayons si vous le voulez bien.*

FABRICE — *Dans l'entreprise, les gens disent qu'il est imbuvable.*

MOI — *Décrivez-moi comment vous imaginez que cela se passerait ?*

FABRICE — *Oh mal !*
MOI — *C'est-à-dire ?*
FABRICE — *Je suis sûr qu'il me prendrait de haut.*
MOI — *Et puis ?*
FABRICE — *Si je m'énerve, ça pourrait mal tourner.*
MOI — *Jusqu'où pensez-vous que ça irait ?*
FABRICE — *Vous savez, il est imposant physiquement. Je me demande s'il ne pourrait pas en venir à me frapper...*

Les scénarios catastrophes envisagés mettent souvent en scène la rupture relationnelle, l'explosion du conflit jusqu'à la violence verbale et physique... On comprend mieux maintenant pourquoi les anticipations négatives génèrent de l'émotion « à l'avance » et inhibent l'anticipateur.

Quelles sont vos cognitions (pensées automatiques) au cours du conflit ?

Dans ce chapitre, vous allez être invité à essayer de comprendre qu'une situation génère chez vous des pensées. Ces pensées qui apparaissent ne seraient pas les mêmes chez toutes les personnes qui vivraient la même situation. Pour comprendre, imaginez-vous la différence dans la façon de penser entre une personne optimiste et une personne pessimiste dans la même situation difficile. Leur façon de penser, radicalement différente, correspond à un style différent : c'est le style cognitif propre à chacun.

Le style cognitif est si prégnant dans la façon d'appréhender la réalité que dans certaines situations une personne peut percevoir les choses de façon complètement différente. Dans l'exemple qui suit, une personne a l'impression d'être en conflit avec une autre alors que l'autre n'a pas du tout cette impression.

Muriel a fait une réflexion, perçue comme désagréable, à Virginie. Il s'agissait d'une critique sur sa coiffure. Énoncée avec humour, cette remarque a presque fait sourire Virginie sur le moment. Mais dans les jours qui ont suivi, Virginie a repensé à cette remarque. Sur ses pensées tournoyantes sont venues se greffer des distorsions cognitives : « C'est sûr, elle l'a fait exprès… Elle a voulu me blesser… Si elle me cherche, elle va me trouver ! »

De son côté, Muriel n'y a même plus pensé, si bien que, lorsqu'elles se revoient, quelques jours plus tard, elles ne sont pas du tout dans la même disposition d'esprit. Virginie, qui s'est mise en furie toute seule par un emballement de ses pensées, a un comportement complètement décalé par rapport à Muriel qui ne se souvient même plus de sa réflexion. Virginie ne salue pas Muriel et se mure dans une agressivité contenue.

La réalité est certes toujours soumise à interprétation. De façon complexe, cette interprétation et l'émotion ressentie dans une situation s'influencent l'une l'autre. Par exemple, si vous êtes très anxieux pendant un entretien, en colère envers votre conjoint, vous allez interpréter des signaux chez l'autre auxquels vous n'auriez peut-être pas prêté attention si l'émotion négative avait été absente. Nos pensées associées à une situation sont donc plus ou moins fiables. Il peut exister des « distorsions » de pensée, c'est-à-dire des erreurs, surtout quand l'émotion est forte.

Voici des exemples de cognitions au cours d'un conflit. Je vous laisse le loisir d'en trouver d'autres. Vous remarquerez que ce sont souvent les mêmes et que nos capacités d'innovation sont assez limitées dans ce domaine.

Quelques cognitions types au cours des conflits

« Il cherche la bagarre. »
« Il ou elle m'en veut. »
« Pour qui me prend-on ? Je ne me fais pas avoir comme ça. »
« C'est injuste. »
« C'est inacceptable. »
« Je ne suis pas compris. »
« Mes efforts sont inutiles. »
« Je ne sais pas m'y prendre. »
...

Faites-vous des erreurs d'interprétation ?

Quand nous pensons : « Cette personne cherche la bagarre », « Elle m'en veut », ou bien « Je suis sans valeur », c'est possible, mais pas sûr à cent pour cent. Pourtant, nous lui accordons un crédit total et nous sélectionnons l'information qui va autovalider notre petite théorie sur l'événement concerné. Nous accumulons ainsi des preuves et des objets de rancœur (notre collection de timbres comme me disait une patiente, chaque timbre étant un événement négatif dans une relation).

Au restaurant, Lisa parle de son travail à son mari ; celui-ci lui coupe la parole et lui demande ce qu'elle va commander. Lisa ressent de la colère et se dit : « Il se fout de ce que je lui raconte. » Lisa se renferme et son mari lui demande ce qui se passe. Elle lui répond avec agressivité : « Rien du tout ! »
Ce qui a mis Lisa en colère, c'est de penser : « Il se fout de ce que je lui raconte. »

J'ai demandé à Lisa de faire l'exercice suivant : « Vous pensez que votre mari se moquait bien de ce que vous lui racontiez... Y a-t-il d'autres explications possibles ? Voici ses réponses :

1. Il est anxieux pour la commande.

2. Il est fatigué.

3. Il aurait peut-être voulu que je parle d'autre chose que de mon travail.

Jeremy n'a pas de nouvelles d'Émilie depuis trois jours malgré les deux messages qu'il a laissés sur son répondeur. Il ressent de l'amertume. Il se dit : « Je n'ai pas d'importance pour elle... »

Selon vous, y a-t-il d'autres explications possibles ?

1. ....

2. ....

3. ....

Vous voyez que nous pouvons interpréter différemment un fait précis en fonction de notre personnalité, de nos humeurs, du lien qui nous unit à l'autre... N'oublions pas que nos anticipations comme nos cognitions au cours d'un conflit sont des hypothèses. Nous pouvons nous méprendre dans la lecture d'un événement. Comme disait le philosophe présocratique Épictète : lorsqu'une représentation mentale se manifeste à votre esprit, demandez-lui ses papiers avant de la laisser passer.

Savoir remettre en cause notre interprétation d'un événement, c'est-à-dire envisager d'autres hypothèses, est un pas important dans le contrôle des émotions puisqu'elles sont influencées par cette interprétation.

Nous verrons dans la seconde partie les différents types de distorsions et comment les éliminer.

Avez-vous des croyances piégeantes ?

Les croyances sont des pensées toutes faites, souvent peu conscientes. Ce sont ces croyances qui font que nous interprétons une situation dans une certaine direction, différente de celle dont une autre personne interprétera la même situation. Ces croyances concernent soi, le monde, les autres, la façon dont ils interagissent. Chacun a des croyances différentes.

Les croyances se développent habituellement dans l'enfance. Nous établissons, à partir de ce que nous pouvons voir et comprendre des autres, de nos expériences, une série de principes. Les croyances et les attitudes des membres de notre famille, nos relations avec nos camarades de classe et nos enseignants, toutes les personnes que nous côtoyons influencent nos croyances sur nous-même et le monde. Même dans notre première enfance, nous observons les modèles répétés dans les réponses et les attitudes de nos proches. Ces modèles influencent les croyances que nous développons. Beaucoup des croyances qui restent en nous sont tout à fait adaptées et utiles pour guider nos efforts pour être un individu équilibré. En revanche, certaines expériences pendant l'organisation précoce de notre développement cognitif et émotionnel peuvent nous conduire à élaborer des principes qui ont une influence peu utile sur notre façon d'agir et de réagir, c'est-à-dire de nous adapter à une situation.

Quand une croyance est bien ancrée, elle a tendance à s'autovalider. Une personne qui a, par exemple, comme croyance « les gens sont égoïstes » va aller vers des situations ou avoir des comportements qui vont confirmer la validité de sa croyance. Cette autovalidation s'accompagne aussi d'une sélection des événements qui la confirment en disqualifiant ceux qui l'infirment.

J'ai utilisé le terme de « piégeantes », car certaines croyances peuvent être un frein à l'établissement de bonnes relations (on utilise aussi le terme dysfonctionnelle). Ces croyances, alors que le sujet a l'impression qu'elles le préservent de relations de mauvaise qualité, le limitent en réalité dans son lien à l'autre.

Les situations qui activent les croyances piégeantes génèrent des pensées automatiques qui affectent les émotions et les comportements de l'individu. Ces comportements peuvent entraîner des difficultés relationnelles.

Les pensées automatiques sont spécifiques de la situation, les croyances sont des principes silencieux que nous appliquons dans des situations similaires.

Voici quelques exemples de croyances piégeantes.

« Je dois tout réussir »

Sylvie a appris qu'une de ses amies l'a critiquée. Elle en est affectée car elle s'était particulièrement occupée de cette amie quand celle-ci avait eu des problèmes de santé. Elle se sent alors triste parce qu'elle pensait avoir tout fait pour que cette relation fonctionne. Sylvie se dit : « Je m'y prends mal dans les relations, j'ai dû mal faire. »

Ce type de croyance est présent chez les individus perfectionnistes. Il est important de comprendre que, dans une relation, on est deux ; et que chacun a sa part de responsabilité. On peut se donner le droit à l'erreur dans la façon de se comporter dans une relation, mais aussi sur le type de relation que l'on investit. Il est probable que Sylvie a attendu beaucoup, trop, de cette relation.

« *Je dois être aimé par tout le monde* »

> Alexandre ressent de la colère à l'égard de son collaborateur qui a invité beaucoup de personnes de l'entreprise à une soirée, mais pas lui. Il est contrarié parce que son collaborateur ne semble pas l'aimer. Cette idée lui est insupportable.

Si une personne semble ne pas nous apprécier, cela ne signifie pas que nous sommes sans valeur. Être aimé par l'autre est bien sûr important. On connaît cette donnée fondamentale dans la structuration de la personnalité de l'enfant. À l'âge adulte, vouloir être aimé par tout le monde n'est pas rationnel. Qu'on veuille tendre vers cet état de fait est louable, mais remettre en cause sa valeur personnelle parce que ce n'est pas la réalité est irrationnel. Le fait d'être aimé par l'autre repose sur beaucoup de facteurs et nous ne pouvons pas les maîtriser tous car tous ne dépendent pas de nous.

« *Une relation doit être parfaite* »

> Charles s'est disputé avec son ami Lionel pour un problème d'argent. C'est la déception qui occupe son esprit, il pense : « Si on s'est disputé pour ça, ça veut dire que notre amitié ne vaut rien. »

Dans l'idéal, tout le monde aimerait une absence de conflit. L'existence d'épisodes de tension, de disputes n'est pas le signe que la relation n'est pas bonne. Un désaccord peut même faire avancer une relation. Les pensées du genre « il aurait pu » ou « il aurait dû » s'inscrivent dans ce type de croyance. Cette croyance est vraiment limitante et plonge dans un réel désarroi dès qu'un différend apparaît. Au lieu d'aider à la résolution du problème relationnel, elle induit de la tristesse ou de la colère.

« On ne peut avoir confiance en personne »

> Thierry a plutôt un bon contact en apparence. Pourtant, dès qu'une proximité semble s'établir avec une autre personne, il se ferme et évite l'échange.

Cette croyance est source de méfiance permanente et empêche l'établissement d'une proximité nécessaire à la construction d'une relation. Les relations nouvelles sont évitées, les échanges avec les autres limités. Ce type de croyance éteint la faculté de discerner les amitiés potentielles et place bien souvent une méfiance là où elle n'est pas adaptée… Il y a autour de chacun des personnes de qualité avec qui on peut bâtir des liens de confiance.

« Les gens ne se soucient pas des autres »
(« chacun sa pomme ! »)

> Mathilde est en panne de voiture au bord de la route. Elle a fait plusieurs fois signe à des automobilistes, mais personne ne s'est arrêté. « C'est inadmissible que personne ne s'arrête… Ce sont tous des imbéciles dans ce pays… », pense Mathilde en colère.

Cette croyance peut entraîner une résignation devant les difficultés rencontrées dans les relations qu'on souhaite établir. Et puis, cela peut impliquer un manque d'intérêt et d'empathie pour les autres puisque « tout le monde fait pareil ». L'individualisme et l'existence de personnes égoïstes ne sont pas contestables, mais il y a beaucoup de personnes qui se soucient des autres. On repère assez rapidement les personnes centrées uniquement sur elles.

Quelles sont vos croyances ?

« Je suis… »
« Les gens sont… »
« Le monde est … »
Les croyances sont en général une affirmation courte.

(D'après Padeski et Mooney cités par Jan Scott.)

Dans la seconde partie, vous apprendrez à faire des relevés de pensées dans des situations relationnelles. Les questions à se poser seront : « Qu'est-ce que tout cela signifie pour moi ? », « Y a-t-il un thème dans mes pensées ? »

De ces pensées, se dégageront des croyances générales qui seront peut-être piégeantes. Il est donc important de vérifier ses croyances à travers des expériences. Par exemple, si ma croyance est « on ne peut faire confiance à personne », une façon de modifier ma croyance est d'établir des relations de confiance.

Croyances et pensées

Prenons une métaphore jardinière : imaginons que les croyances, inconscientes, sont la terre d'un jardin recouvert de fleurs. Cela tombe bien, ces fleurs sont des pensées. Elles sont si nombreuses et de couleurs si diverses qu'on ne peut apercevoir le terrain sur lequel elles poussent. Pourtant, la qualité de ces fleurs, leur robustesse, dépend de ce terrain. Nous n'avons pas accès directement à nos croyances, mais les pensées peuvent nous en donner une idée.

Quelles sont vos émotions en situation de conflit ?

Qu'est-ce qu'une émotion ?

Nous avons parlé précédemment des émotions liées aux cognitions sans en préciser la nature. Une émotion, c'est cet ensemble de manifestations physiques et psychiques que nous ressentons face à une situation, réelle ou imaginée. Nous n'avons pas une perception directe de l'émotion : nous la ressentons à travers notre corps. Elle est caractérisée par des changements corporels très nombreux comme l'expression faciale, la variation de la couleur de la peau, la posture… qui sont visibles par un observateur extérieur, et par d'autres changements perçus par l'individu lui-même comme l'accélération du rythme cardiaque, l'accélération du rythme respiratoire… La définition qu'en donne le neurologue Antonio Damasio souligne bien également le lien entre nos émotions et nos pensées : « C'est en ce processus de continuelle surveillance du corps, en cette perception de ce que votre corps est en train de faire *tandis que* se déroulent vos pensées que consiste le fait de ressentir des émotions. »

En thérapie EMDR (intégration neuro-émotionnelle par mouvements oculaires, en anglais « *Eye Movement Desensitization and Reprocessing* »), où il est question de travailler sur des souvenirs traumatiques, on travaille sur les émotions telles que les ressentent les personnes dans leur corps à travers l'évocation de leurs souvenirs. Quand je demande à un patient : « L'angoisse que vous ressentez en me parlant de vos difficultés, où la ressentez-vous dans votre corps ? », il n'hésite jamais pour la situer. Les expressions « la peur au ventre », « ça fait froid dans le dos », « ça m'a fait bouillir », « j'ai l'estomac noué » ne sont pas juste des formules toutes faites.

Les émotions ont une connotation positive ou négative. Ce sont les émotions négatives en situation de conflit qui nous intéressent.

Enfin, il est important de comprendre que les émotions (agressivité, sentiment d'injustice, peur…) et les pensées qui apparaissent dans une situation sont déclenchées par des déclics : attitude ou comportement de l'autre, contenu verbal (insultes, critiques.) ou non verbal (la façon de le dire), des thèmes abordés… Nous verrons dans les exemples ci-dessous et plus précisément dans la seconde partie comment identifier nos déclics dans les situations conflictuelles.

La colère

> Alain a relancé à plusieurs reprises son assureur pour qu'il lui envoie une attestation. L'assureur lui a dit chaque fois qu'il allait le faire. Ce matin, en constatant que la boîte aux lettres est vide, Alain se dit « que l'assureur se fout du monde » et l'appelle en furie pour lui dire qu'il est incompétent.

La colère d'Alain

La situation	L'assureur a promis à Alain de lui répondre.
Le déclic	La boîte à lettres, ce matin, est vide.
L'émotion	Colère.
Le comportement	Coup de téléphone agressif.

La colère a des manifestations physiologiques comme la rougeur du visage, l'accélération du rythme cardiaque, l'augmentation de la tension artérielle… Elle n'est pas toujours liée à des distorsions cognitives. Imaginer être lisse au point de ne jamais ressentir de colère me semble illusoire. La colère trouve ses racines dans la frustration et le sentiment d'injustice, et nous sommes confrontés à ce type d'expérience tout au long de notre vie. On peut voir déjà la colère chez le bébé quand il est frustré parce qu'il a faim et que sa mère ne le satisfait pas immédiatement. Parfois, la colère peut être justifiée par les faits.

Mais, ce qui est fondamental, c'est la façon dont on exprime sa colère. Elle peut en effet aussi bien donner suite à des comportements, agressifs, inhibés ou affirmés. Nous verrons plus loin ces différents types de comportements.

On ne peut pas parler de colère sans évoquer la notion d'irritabilité, bien connue des psychiatres, qui est, elle, un signe clinique à part entière au même titre que l'anxiété. La validité et la fiabilité du concept d'irritabilité ont été confirmées par des études. Voici la définition de référence qu'en donnent Snaith et Taylor : « Un état caractérisé par une diminution du contrôle de soi et qui se traduit habituellement par une explosion de colère verbale ou agie. Cependant, l'humeur irritable peut être présente sans manifestations observables. Elle peut ne survenir que dans certaines circonstances, au cours de brefs épisodes, ou être généralisée et prolongée. L'expérience de l'irritabilité est toujours désagréable pour l'individu qui la vit et n'a pas la valeur cathartique d'une réaction de colère. »

L'irritabilité est variable suivant l'humeur. Vous avez sans doute expérimenté des périodes où vous tolérez moins les événements stressants. La tolérance aux stimuli externes est abaissée. L'expression « il ou elle est de mauvaise humeur » est souvent en lien avec l'irritabilité. C'est donc un état transitoire ou permanent faisant partie alors de la personnalité. Donc attention quand vous êtes d'humeur maussade de ne pas vous lancer dans des difficultés relationnelles.

La colère fait l'objet de recherches et les cliniciens s'intéressent particulièrement, depuis quelques années, à une entité qu'ils nomment la « crise de colère ». Elle se présente comme un accès brusque de colère, associé à des signes tels que tachycardie, transpiration, rougeur, peur de ne plus se maîtriser. Elle peut apparaître sans événement déclenchant ou bien être provoquée. Certains auteurs pensent que la crise de colère est une attaque de panique qui aurait une présentation agressive. On peut observer des crises de colère chez 21 % des sujets normaux et chez 44 % des sujets déprimés.

L'anxiété

Marine reçoit une invitation à dîner. Elle apprend par un de ses amis qu'Agnès est invitée aussi. Elles ne se sont pas vues depuis leur dernière dispute au téléphone pendant laquelle Agnès lui a raccroché au nez. Marine angoisse à l'idée de la revoir. « Ça va mal se passer… je vais être mal à l'aise », se dit-elle.

L'anxiété de Marine

La situation	Marine est invitée à un dîner.
Le déclic	Marine apprend qu'Agnès est invitée aussi.
L'émotion	Anxiété.
Le comportement	Marine reporte le moment où elle va répondre à l'invitation.

L'anxiété n'est pas une émotion anormale. Elle permet de nous adapter à de nouvelles situations. Elle devient pathologique quand elle se prolonge dans le temps et est trop envahissante.

Une difficulté relationnelle peut mettre en jeu l'anxiété. Si la difficulté relationnelle se prolonge dans un sentiment d'impuissance, des ruminations anxieuses, voire une insomnie peuvent s'installer. L'angoisse apparaît quand vous avez l'impression que vous ne saurez pas faire face et que vous redoutez une catastrophe imminente. L'anxiété facilite la survenue de l'agressivité.

La tristesse

Au cours d'une réunion de travail, un supérieur hiérarchique de Benjamin conteste une de ses idées alors qu'il était d'accord la veille quand ils se sont vus dans son bureau. Benjamin ressent d'abord de la colère puis, ne pouvant l'exprimer, un sentiment d'injustice. Les jours qui suivent, Benjamin se sent triste, démotivé, il se dit : « C'est injuste, on ne me respecte pas… Si c'est comme ça, je ne ferai plus rien. »

La tristesse de Benjamin

La situation	Un supérieur conteste une de ses idées.
Le déclic	Le supérieur qui a changé d'avis.
Les émotions	Colère et tristesse.
Le comportement qui en découle	La passivité.

C'est une perte de reconnaissance pour Benjamin, donc son image de soi est touchée. Comme cela vient de son supérieur hiérarchique, il n'ose rien dire.

La tristesse que l'on peut ressentir à la suite de difficultés relationnelles a plusieurs causes. Dans l'image de soi malmenée par l'autre (attaque personnelle, insultes, critiques) ou par soi. Il est très fréquent, lorsqu'on s'est laissé envahir par l'émotion, notamment l'agressivité, que l'on se sente coupable. Les pensées qui accompagnent ce type de sentiment sont du type : « J'ai mal réagi, je n'ai pas été à la hauteur. » Après une situation ou l'on s'est emporté ou plutôt « laissé emporté par le cerveau émotionnel », devrait-on dire. Il arrive très souvent que l'on se sente mal.

La tristesse apparaît aussi dans la fin d'une relation, quand les difficultés relationnelles n'ont pu être surmontées et que la rupture du lien apparaît souhaitable. Qu'il s'agisse d'une relation qui cesse ou simplement d'une relation idéale dont il faut faire le deuil, il y a perte de quelque chose.

Quel est votre comportement ?

Comme nous l'avons vu dans les profils, les comportements peuvent faire partie de votre personnalité et donc être permanents, mais ils peuvent aussi être occasionnels et n'apparaître que dans certains contextes.

Agressif

Le comportement agressif se repère facilement. Il est fait d'attitudes, de langage verbal et non verbal. Si l'on vous dit qu'une personne est agressive, cela vous donne une idée de son comportement. Pourtant, le comportement agressif n'a pas toujours le côté explosif qu'on imagine. Il peut être plus subtil, plus difficile à déceler. Ce peut être une petite critique bien placée sur le ton de la « plaisanterie », ou encore une agressivité qui se dissimule dans la médisance.

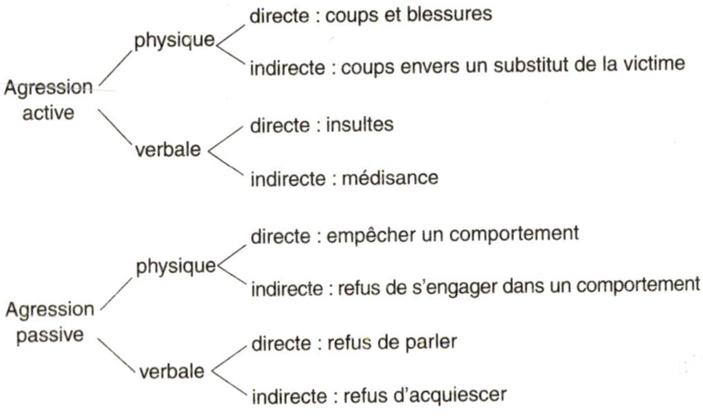

Les types d'agression selon Buss (1961)

Inhibé

Dans le comportement inhibé, l'émotion ne donne pas suite à un comportement actif. On est inhibé par l'émotion que suscite la difficulté relationnelle. Du coup, on laisse faire et on n'exprime pas son avis. Cette inhibition peut être contextuelle, comme dans le cas de Benjamin qui ne peut exprimer son désaccord à son supérieur hiérarchique, mais le fait parfaitement ailleurs ; ou être un trait de personnalité, en particulier chez ceux ou celles qui ont des difficultés à s'affirmer, difficultés qui là encore peuvent varier selon le contexte. La peur du conflit entraîne ce type de comportement : on préfère ne rien dire plutôt que d'aller vers la dispute.

Assertif ou affirmé

Il est incontestable que certaines personnes ont un savoir-faire social. Nous envions les qualités de celui qui garde toujours son sang-froid, est très à l'aise avec les autres, réagit de façon pondérée.

Qu'est-ce qui permet de distinguer une personne affirmée d'une autre ?

Eh bien, ellc n'est ni agressive ni inhibée. Elle dit ce qu'elle pense en prenant garde de ne pas heurter l'autre. Elle essaie de sortir de la difficulté relationnelle sans l'éviter.

Le comportement affirmé n'est pas cependant une sorte d'intermédiaire entre les comportements agressif et inhibé. Il implique un apprentissage aux habiletés sociales comme savoir exprimer ses émotions, savoir se mettre à la place de l'autre…

Toutes les études s'accordent à dire que les personnes qui ont appris à s'affirmer ont une meilleure estime de soi, sont moins anxieuses, ont une communication plus efficace et jouissent d'une estime accrue de la part des autres.

Beaucoup de patients souffrant de timidité ou de phobies sociales ont bénéficié d'un travail au sein de « groupes d'affirmation de soi », non seulement pour s'exposer, mais aussi pour apprendre de nouveaux comportements. Ces techniques d'affirmation de soi très utilisées pour traiter les problèmes de phobie sociale sont en fait d'un grand intérêt pour tous.

Les patients sont surpris et ravis à la fois de savoir qu'il existe des techniques, des outils pour répondre à une critique, faire soi-même une critique, savoir dire non : tout un savoir-faire social qu'il est possible d'acquérir. Il s'agit d'un véritable apprentissage qui bénéficie d'un renforcement positif à chaque mise en situation. Le fait de savoir comment s'adapter à une situation relationnelle diminue l'anxiété anticipatoire, la perte de contrôle émotionnel.

Quand j'apprends à mes patients ou au cours de séminaires comment faire une critique ou en recevoir une, certains me disent : « Je ne serai plus moi-même » ou bien « Cela est complètement artificiel ! » J'avoue avoir pensé la même chose quand j'ai moi-même commencé à les pratiquer. Comme toujours lorsque l'on apprend quelque chose de nouveau, on peut se sentir mal à l'aise au début. Mais ensuite, la répétition associée à des expériences positives permet de s'approprier la technique et pourquoi pas d'y mettre sa touche personnelle. Après tout quand nous répondons agressivement à une critique, il s'agit aussi d'un apprentissage ancré sur l'idée « qu'il ne faut pas se laisser faire ».

Après la lecture de cette partie, vous avez maintenant de bonnes bases pour acquérir les notions et le savoir-faire nécessaires aux bonnes relations.

DEUXIÈME PARTIE

Devenez un expert en bonnes relations

CHAPITRE 4

Des difficultés se présentent : que faire ?

La survenue d'un conflit n'est jamais agréable, et ce d'autant plus que l'on se sent dépassé par les événements. Prendre conscience des mécanismes du conflit, et savoir agir à plusieurs niveaux, va vous aider à mieux gérer les difficultés qui se présentent.

Dans ce chapitre, nous verrons donc les étapes qui mènent au conflit, ce qui se passe chez les personnes qui y sont impliquées, et comment acquérir l'art de les résoudre. Je présente un certain nombre d'outils pour agir avant l'arrivée des difficultés, mais aussi pendant. Certains vous conviendront plus que d'autres : à vous de les tester. Lorsque je suis en colère, en ce qui me concerne, c'est la cohérence cardiaque qui m'apaise le mieux. Vous serez invité plus loin à la tester, et peut-être en tirerez-vous le plus grand bénéfice. Chez d'autres, c'est la relaxation qui est plus opérationnelle.

Pour maîtriser ses émotions, il est utile de mettre en évidence le déroulement des événements. Commençons par comprendre ce qui se passe au tout début des situations conflictuelles.

Repérez vos propres déclics : ce qui vous fait « démarrer » dans un conflit

Qu'est-ce qui fait qu'une relation difficile, conflictuelle se met en place ? Il y a toujours un ou des déclics. Repérer ses déclics, ce qui fait que le conflit démarre, est nécessaire pour progresser. Car ce sont eux qui font que vos émotions prennent le dessus et vous font initier ou donner suite à une relation conflictuelle.

Dans une situation, le déclic est un comportement ou le résultat d'un comportement, d'une attitude, des paroles de l'autre ou de soi-même qui va entraîner une réaction chez soi ou chez l'autre. Par exemple, si vous parlez de façon agressive, cela peut constituer un déclic pour votre interlocuteur qui va penser que vous l'attaquez ; il peut alors être amené à contre-attaquer. Là où cela devient compliqué, c'est que le déclic dépend largement de l'interprétation de la situation. Par exemple, vous vous mettez en colère parce que vous avez l'*impression* que votre collaborateur a eu un sourire ironique au moment où vous êtes entré dans son bureau. Le déclic est dans ce cas le sourire de l'autre que vous avez interprété comme... que cela soit justifié ou non. C'est pourquoi une critique sera ressentie complètement différemment selon qu'elle est énoncée avec froideur, dédain ou sur un mode plus bienveillant et constructif... Un regard, une mimique, une simple posture peuvent aussi amplifier considérablement l'impact d'une parole critique. Plus que l'objet du désaccord, ce sont ce que la situation représente et les émotions négatives que chacun ressent à ce moment-là qui vont constituer le véritable déclic. Dans une difficulté relationnelle, il peut y avoir une succession de déclics chez l'un ou chez l'autre qui vont aggraver la situation. Le déclic est factuel, pour devenir le point de départ d'un conflit, il est indissociable des émotions qu'il déclenche. Les déclics entraînent une façon de percevoir ou de se représenter la situation. On peut regrouper la façon de se représenter la situation par catégories. Quelles sont ces différentes catégories initiatrices de conflits ?

• Le sentiment que les choses ne sont pas telles qu'elles devraient être (associé à des cognitions du type : « Il ou elle aurait dû faire ceci ou cela », « C'est injuste, cela ne devrait pas être comme ça », « J'en ai marre, on ne fait pas ce que je veux »).

Par exemple :

- Votre ami n'arrive pas à l'heure (« Il devrait être à l'heure », « Il aurait dû m'appeler pour le prévenir »).
- On a oublié de vous distribuer votre courrier (« Le facteur ne fait pas son boulot »).
- On n'a pas augmenté votre salaire (« C'est injuste »).
- Les transports en commun sont en grève (« Ça ne devrait pas être comme ça »).

• Le sentiment d'une perte réelle ou symbolique (associé à des cognitions du type : « C'est inadmissible », « Je ne peux pas le supporter », « Je ne peux l'accepter »). Une perte réelle comme un objet, une personne. Une perte symbolique comme ne pas obtenir votre promotion alors que vous alliez être promu. La perte symbolique touche par un acte, un objet, la reconnaissance, le lien, l'image de soi.

Par exemple :

- Vous avez perdu un proche.

– Votre maison a été détruite.
– Le fait qu'on ne vous confie pas un dossier représente pour vous une perte symbolique de votre place dans l'entreprise.
– Vous avez perdu un objet sans valeur matérielle, mais qui vous avait été donné par votre grand-père. C'est une perte symbolique du lien qui vous unit à votre grand-père.

• La perception d'une attaque de l'estime de soi (ou de ses prolongements : travail personnel, famille, amis…). Cela peut être l'impression de ne pas être respecté en tant que personne ou dans ses actions (associée à des cognitions du type : « Il ou elle cherche la bagarre », « On ne me respecte pas »).

Par exemple :
– On vous critique.
– On vous insulte.
– On vous agresse.
– On critique votre famille.

• Un sentiment d'abandon (associé à des cognitions du type : « Je suis abandonné », « Je ne suis pas intéressant(e) »).

Par exemple :
– Vous n'êtes pas invité à une soirée où tous vos amis sont invités.
– Votre partenaire vous a laissé tomber.
– Votre famille n'a pas pris le temps de venir vous voir.

Myriam est une femme sympathique, plutôt timide, d'un naturel calme et discret. Elle vit avec son compagnon Alain depuis six ans. Leur relation est devenue difficile depuis environ un an. Ce matin, Myriam a remarqué que son ami avait déplacé ses affaires sur son bureau. Elle s'est dit : « Il ne respecte pas mon territoire », « Il ne tient pas compte de moi ».

Elle a senti la colère monter en elle tout en pensant : « Il n'en a vraiment rien à faire de moi. » Quand Alain rentre le soir, Myriam le prend violemment à parti. Le ton monte, les insultes fusent…

Le déclic qui va initier la dispute est le fait qu'Alain a déplacé les affaires sur le bureau de Myriam. Myriam a perçu cet événement comme un manque de respect de son territoire et s'est mise en colère. Elle a exprimé sa colère en agressant Alain.

Éric est une personne très motivée dans son travail. On peut dire qu'il « bouillonne » d'idées et prend beaucoup de plaisir à élaborer de nouveaux projets. Il est assez spontané et fait facilement confiance. En début de semaine, Éric a soumis à son chef une idée concernant un projet en cours. Lors de la réunion hebdomadaire, celui-ci s'est réapproprié l'idée en disant : « J'ai pensé que… ce serait bien qu'on fasse ça. » Dans un premier temps, Éric n'en a pas cru ses oreilles. Il se répétait : « C'est pas possible… pas possible… » Quand Éric a bien intégré ce qui se passait, il s'est senti en colère tout en pensant : « Il m'a bien eu », « Ça ne va pas se passer comme ça… » Puis, reprenant ses esprits, il a compris qu'il ne pouvait rien dire. Il a ressenti un sentiment d'injustice et d'impuissance. Depuis cet incident, Éric est démotivé et n'a plus envie de travailler.

Le déclic est ici l'attitude du chef d'Éric dans la réunion. Pour Éric, son chef lui a « volé » son idée. Éric a ressenti d'abord de la colère puis un sentiment d'injustice. C'est le point de départ du conflit. En raison de la position hiérarchique du chef, le conflit risque de rester silencieux car Éric ne peut pas vraiment exprimer sa colère. On peut imaginer, par exemple, qu'Éric ne fera pas ce que lui demande son chef ou traînera dans ce qui lui est demandé.

> Nadine se réjouit de passer le week-end avec son ami. La veille, il lui téléphone et lui dit : « Désolé, mais je ne peux pas ce week-end. » Nadine se sent à la fois abandonnée et en colère. Elle se dit : « Il se fout vraiment de moi », « Il n'en a vraiment rien à faire de moi ». Sur l'instant, Nadine a l'impression qu'elle n'a pas eu le réflexe de lui exprimer sa colère. Depuis elle ne répond plus à ses appels.

Le déclic est l'annulation du week-end. Ce qu'en pense Nadine va la conduire à un comportement d'hostilité passive. Nadine veut faire payer son ami en lui faisant ressentir le manque.

> Natacha annonce à ses parents qu'elle a décidé d'acheter un appartement. Occupé, son père la critique, sans daigner se retourner pour lui parler. Quand Natacha repense à la scène, elle note que ce qui a généré sa colère, ce n'est pas tant la critique elle-même que le fait que son père ne se soit pas donné la peine de la regarder pour s'adresser à elle. Elle se dit : « Il ne respecte vraiment pas mon opinion », « Il pense que je ne suis pas capable de prendre des décisions ».

Le déclic est ici l'attitude qu'a adoptée le père de Natacha pour émettre la critique. Elle aurait pu se mettre en colère, se fâcher avec lui, mais elle a préféré ne rien dire. Pourtant, l'émotion est toujours là et dans une relation difficile, elle est le point de départ d'un conflit futur.

> Sabine est agacée parce que sa collègue ne la salue jamais quand elle traverse son bureau pour aller utiliser la photo-

copieuse. Dès le début, Sabine n'a pas aimé une critique qu'elle lui a faite. Du coup, Sabine se sent hostile et se montre « cassante » dès que sa collègue lui adresse la parole.

Le déclic initial est probablement la critique de la collègue. On ne connaît pas l'attitude qu'a adoptée Sabine envers sa collègue. Dans la situation où la collègue traverse le bureau, le fait de passer sans dire bonjour est le déclic de l'émotion actuelle. Sabine a des cognitions du type : « Elle ne me respecte pas », « Elle ne m'aime pas ».

> En partant d'une soirée familiale, Patrick se fait raccompagner par ses parents. Un de ses oncles lui dit : « Alors, à 34 ans, on se fait encore raccompagner par papa et maman ! » Patrick le prend mal et part sans dire au revoir. Il se dit : « On me prend pour qui », « On croit que je ne suis pas un adulte ».

Le déclic de la colère de Patrick est dans l'intonation avec laquelle son oncle a formulé sa plaisanterie, mais aussi dans le contenu implicite : « Tu n'as pas coupé le cordon, tu n'es pas adulte… » qui est immédiatement perçu par Patrick comme une attaque de son estime de soi.

Repérer vos propres déclics peut aussi vous aider à comprendre ce qui chez vous pourrait servir de déclic chez l'autre et, en quelque sorte, vous rendre initiateur du conflit. Nous pouvons tous à un moment donné être initiateur de conflit sans en avoir l'intention. Peut-être souhaitez-vous accorder plus d'attention à vos comportements et attitudes dans une relation. Rassurez-vous, on ne peut pas tout maîtriser, mais vous serez plus en mesure de comprendre ce qui se passe chez l'autre en comprenant bien ce qui se passe chez vous. C'est le début de l'empathie.

Repérez vos déclics

Essayez de repérer, lors de votre prochaine difficulté relationnelle, ce qui déclenche chez vous l'émotion négative : la nature de la situation, l'attitude, le comportement de votre interlocuteur…

Énumérez trois situations qui vous ont mis en colère :

1.
2.
3.

Quels étaient les déclics de votre colère dans ces situations ?

1.
2.
3.

Dans quelle catégorie classez-vous les déclics de vos trois situations ?

– Le sentiment que les choses ne sont pas telles qu'elles devraient être.
– Le sentiment d'une perte réelle ou symbolique.
– La perception d'une attaque de l'estime de soi.
– Le sentiment d'abandon.

Acceptez les désaccords

Parfois, je me demande pourquoi l'on vit de façon si tragique le désaccord avec une personne. Peut-être parce qu'on pense que cela va obligatoirement dégénérer en conflit. Derrière la peur du désaccord, il y a la peur du conflit et probablement la peur de nos propres réactions. Et puis, on vit aussi avec les vestiges de nos relations à l'autorité, aux parents, avec lesquels ne pas être d'accord n'était pas toujours permis.

Un désaccord n'est pas grave en soi. Il n'est pas possible d'être toujours d'accord avec tout le monde. Dans une relation non obligatoire ou à court terme, un désaccord peut conduire à la fin de la relation. Par exemple, lorsque je ne suis pas d'accord sur le devis que me propose le plombier du coin. Mais, dans une relation à long terme, il est important de trouver des solutions au désaccord. Si nous maintenons une communication correcte, un désaccord ne donnera pas suite à un conflit. Au contraire, un désaccord peut être enrichissant pour une relation. Acceptez-le avec sérénité et voyez ce que vous pouvez en tirer de positif. C'est aussi le plaisir de penser avec l'autre, de réfléchir ensemble aux possibilités qui se présentent pour *faire avec* ce désaccord. Si le désaccord a des conséquences matérielles et doit être absolument résolu, il sera préférable de trouver une ou des solutions intermédiaires pouvant être acceptées par les deux parties. Il se peut que le désaccord n'ait pas de conséquences matérielles s'il porte, par exemple, sur les opinions politiques, les croyances religieuses, les valeurs morales. Dans ce cas, il sert à échanger, à s'intéresser à l'autre, à expérimenter d'autres points de vue. L'objectif n'est pas là de le résoudre. Si tout le monde était d'accord sur tout, nous serions rapidement limités dans nos échanges… Donc voyons ce qu'il y a de bon dans les désaccords.

Au cours d'un échange portant sur un désaccord, il convient de respecter certaines règles pour ne pas activer les déclics de l'autre, notamment en se gardant d'attaquer son image de soi, et en n'adoptant pas une attitude ou un comportement initiateurs de conflit. Par exemple, si au cours d'une discussion, vous ne partagez pas le même point de vue que votre interlocuteur, vos attitudes, l'intonation de votre voix, le contenu verbal de ce que vous dites peuvent provoquer un déclic chez l'autre et initier un conflit.

Prenez conscience de vos cognitions

Les anticipations qui préparent ou entretiennent le conflit

Charlotte et Mireille travaillent ensemble dans le même bureau. Elles entretenaient jusqu'à présent une entente cordiale. Hier, elles se sont disputées parce que Mireille parlait fort avec une autre collaboratrice pendant que Charlotte téléphonait. Stressée par l'importance de sa conversation téléphonique, Charlotte s'est énervée et a crié : « Vous allez donc vous taire, vous êtes de vraies pipelettes, on n'entend rien ici ! » Le reste de la journée, Mireille ne lui a plus adressé la parole. Ce matin, Charlotte est anxieuse et en colère. Elle imagine que Mireille va lui rendre la vie impossible. Charlotte se dit : « Elle n'est pas du style à céder », « Je m'en fiche, je ferai comme elle ».

Si les cognitions sont l'ensemble des pensées et des images mentales qui apparaissent en soi en rapport avec la situation, les anticipations sont les cognitions qui surviennent avant même la mise en situation.

On pourrait penser que si quelqu'un anticipe négativement une situation relationnelle, c'est que des difficultés existent déjà. Cela peut être ou non le cas. Quoi qu'il en soit, travailler sur ses anticipations permet d'apaiser son anxiété et sa colère avant une situation redoutée et d'être préparé au mieux pour gérer la situation. Et tout le monde aura expérimenté que « se monter la tête tout(e) seul(e) » peut suffire à créer un problème de toutes pièces. En tout cas, il est certain que les anticipations ont tendance à préparer ou entretenir des difficultés relationnelles.

Dans une relation tendue, les anticipations portent notamment sur l'attitude de l'autre. Je suis toujours très étonné de la certitude avec laquelle on pense pouvoir prédire le comportement d'une autre personne. Pour garder le recul nécessaire à la gestion d'une relation, il faudrait presque agir comme si on ne tenait pas compte de ce que l'on connaît de l'autre. Pourquoi ? Parce que, finalement, on construit les représentations du comportement de cette personne à travers les expériences avec elle mais aussi avec d'autres. Et rien ne permet d'affirmer que cela se passera ainsi.

Je me souviens avoir bien mesuré ce phénomène, quand, pour la rédaction d'un travail, ayant à rencontrer un professeur réputé difficile, j'avais imaginé un entretien stressant et pénible. « Mes questions l'agaceront à coup sûr », « Il va expédier l'entretien rapidement » : des images de lui m'envahissaient, son visage exprimant des signes d'agacement, voire d'hostilité, et cela me remplissait à l'avance d'anxiété. Finalement, vous vous en doutez, rien ne se déroula comme je l'avais prévu ; il fut intéressé par ma démarche.

Cela ne signifie pas que les représentations que nous nous faisons à l'avance d'une situation relationnelle ne sont pas possibles, mais qu'elles ne sont qu'une éventualité, pas la réalité.

Il est d'autant plus important d'apprendre à remettre en cause ce que l'on se représente avant une situation relationnelle que cette représentation peut nous faire adopter certains comportements.

Relever ses anticipations

« L'idée de partir en vacances avec ma belle-sœur me stresse et me gâche tout plaisir, je ne m'entends pas avec elle... », me dit Sarah.

Je demande à Sarah de décortiquer ses anticipations dans le tableau suivant.

Les anticipations de Sarah

La situation anticipée	Sarah va partir en vacances avec sa belle-sœur.
Les images	Sarah se voit s'ennuyant dans la maison de vacances. Elle voit sa belle-sœur en train de l'ignorer. Quelques images de disputes aussi.
Les émotions	Inquiétude. Agacement.
Les pensées de Sarah	« Je vais m'ennuyer. » « Cela va mal se passer avec elle. » « On n'a rien en commun. »

On comprend facilement qu'avec une telle représentation de la situation à venir, Sarah ne donnera pas le meilleur d'elle-même pour que les vacances se passent bien. L'émotion désagréable engendrée par ses anticipations peut se manifester chez Sarah par des comportements ne facilitant pas la communication.

Bien sûr, je le répète, il ne s'agit pas de se convaincre à tout prix que nos anticipations sont erronées et de tout voir de façon positive, mais de garder à l'esprit que ce n'est qu'une représentation.

Alexia doit visiter des bureaux avec son associé. Elle n'a aucune intention d'aller travailler dans cet endroit. Mais elle est sûre qu'il ne l'écoutera pas et qu'elle va entrer en conflit avec lui. « Il me demande mon avis, mais c'est déjà quasiment signé ! », me dit-elle. Elle si convaincue que, par manque de vigilance, je suis moi-même convaincu que « c'est signé ».

Les anticipations d'Alexia

La situation anticipée	Alexia va visiter des nouveaux locaux avec son associé.
Les images	Alexia se voit avoir une altercation avec son associé.
Les émotions	Colère. Tristesse.
Les cognitions d'Alexia	« Il ne tiendra pas compte de mon avis. » « Cela va mal se terminer. » « Je n'irai pas travailler là-bas. »

Finalement, Alexia a fait un effort et pris le temps de visiter le local. Rapidement, sur place, l'associé a tenu compte de son avis et n'a même posé aucune difficulté pour renoncer à son idée.

A posteriori, Alexia semblait minimiser l'impact émotionnel qu'avait eu sa représentation anticipatoire de l'événement. Parfois, je demande à mes patients de s'enregistrer pendant qu'ils prédisent une situation, parce qu'on oublie souvent après la situation à quel point on a pu, et on peut encore, faire des erreurs de prédiction. Pour tirer profit de ces expériences, il est utile de pouvoir bien repérer sa façon d'anticiper les situations redoutées.

Restructurer ses anticipations

On vient de voir que les anticipations sont loin d'être la réalité. Qu'est-ce qui fait alors qu'on y accorde autant de crédit ? D'où nous viennent ces anticipations ? On construit notre façon d'anticiper les événements en fonction des expériences passées, mais aussi des modalités de fonctionnement au sein desquelles on a grandi. Si on a été éduqué par des parents qui dramatisaient tout, cette façon de réagir a bien sûr dû laisser des traces. Nous fonctionnons aussi avec des croyances, comme celle « qu'une personne qui a déjà réagi comme ça réagira toujours comme ça », ou que « ce type de situation ne peut s'arranger ». Nous connaissons tous des personnes particulièrement optimistes qui voient toujours le bon côté des choses : pourtant la réalité est la même pour elles, c'est leur angle de vision qui diffère.

Les personnes anxieuses, qui se « font du souci » sur ce qui peut arriver, imaginent en permanence une catastrophe imminente et ont tendance comme on le dit en langage courant à « tirer des plans sur la comète ». Leurs anticipations correspondent souvent à des prédictions négatives. Mais les anxieux sont souvent de mauvais « voyants » et les catastrophes prédites arrivent rarement ou en tout cas n'ont pas le caractère dramatique attendu.

Les expériences citées précédemment pourraient laisser penser qu'une prédiction qui ne s'est pas réalisée nous « servira enfin de leçon » et que nous ne nous laisserons plus prendre à notre propre piège. Il n'en est souvent rien, tout se passe comme si nous remettions en route un programme de prédiction, sans tenir compte du bug.

Pourtant, par expérience, peu d'anticipations résistent à un questionnement rigoureux. Vous pouvez facilement évoluer dans votre façon d'anticiper une situation en vous questionnant. Cela aide à prendre du recul.

Comment procéder au « questionnement » ? Une fois que vous avez repéré ce que vous vous dites avant une situation, reprenez chaque affirmation et répondez aux questions suivantes.

Comment se questionner pour modifier ses anticipations :

– Jusqu'à quel point ce que je prédis est-il vrai ?
– Quelle est l'évidence contre ce que je prédis ?
– Quelle vision alternative puis-je avoir ?
– Que peut-il arriver de pire ?
– Que peut-il arriver de mieux ?
– De façon réaliste, qu'est-ce qui a le plus de probabilité d'arriver ?
– Si le pire arrivait, que pourrais-je faire ?
– Comment puis-je reformuler mes pensées de façon plus réaliste ?

Reprenons l'exemple de Sarah qui a peur que ses vacances se passent mal avec sa belle-sœur. Voyons ce qu'elle pourrait répondre.

Sarah restructure ses anticipations

Les monologues de Sarah	Je vais m'ennuyer. Cela va mal se passer avec elle. Nous n'avons rien en commun.
Quelle est l'évidence qui me permet d'affirmer ce que je prédis (jusqu'à quel point ce que j'imagine est vrai) ?	Je ne peux pas en être tout à fait sûre. Je trouverai peut-être des choses à faire. C'est sûr, je la connais.
Quelle est l'évidence contre ce que je prédis ?	En fait, je ne la connais pas si bien que cela. Je trouve toujours des choses à faire.

Quelle vision alternative puis-je avoir ?	Peut-être que ce ne sera pas si dramatique.
Que peut-il arriver de pire ?	L'ennui total. Une dispute irréversible.
Que peut-il arriver de mieux ?	De bonnes vacances. Que l'on s'entende bien.
De façon réaliste, qu'est-ce qui a le plus de probabilités d'arriver ?	Il y a aura probablement des moments agréables et des moments de tension.
Si le pire arrivait, que pourrais-je faire ?	Dire à mon mari que je veux rentrer. Me réfugier dans la lecture, faire des visites…
Comment puis-je reformuler mes pensées de façon plus réaliste ?	Je crains que cela se passe mal avec ma belle-sœur, mais je ne peux pas en être sûre. Si je sens de la tension ou si je m'ennuie, je pourrai essayer de me concentrer sur autre chose.

En restructurant ses anticipations, on s'épargne souvent bien des tourments. Il n'est pas question de tomber dans la pensée positive, dans laquelle on écrit tout de suite la pensée opposée. Cela a très peu d'impact sur l'émotion car personne n'y croit. C'est comme si, à un proche qui s'inquiète, vous répondiez : « Mais non, cela va bien se passer ! » Il y croira cinq minutes. En revanche, si vous lui dites : « Comment peux-tu en être sûr ? », vous l'aiderez déjà à envisager de penser autrement.

Les relevés de pensées et le questionnement ont cet objectif : s'autoriser à penser autre chose. Le faire par écrit est très efficace. Cela peut vous permettre de prendre du recul et, en y réfléchissant, d'envisager comment agir éventuellement ; ce qui vous permet de ne plus subir. Avant d'acquérir les automatismes qui permettent de le faire mentalement, il faut l'avoir beaucoup fait par écrit.

Modifier son imagerie mentale

Quand nous nous représentons une situation, un événement, notre cerveau génère des images qui sont en rapport avec notre « style » cognitif (voir première partie page 31). Ainsi, les pessimistes envisageront le pire sans qu'au niveau du ressenti émotionnel leur cerveau ne fasse la différence entre l'événement anticipé à travers les images et la réalité. Chez la plupart des anxieux, les émotions ressenties sont même plus fortes lors de leur représentation de l'événement que lors de l'épreuve de la réalité. Car, en général, les pessimistes et les anxieux sont de très mauvais « voyants » : « Finalement, ça s'est bien passé » est une de leurs phrases usuelles de même que : « Oui mais cette fois-ci, ce n'est pas un bon exemple. »

Or nous savons en psychologie que les images provoquées au cours de la visualisation ont un effet profond sur le comportement. On peut modifier des comportements-problèmes par les techniques de visualisation qui consistent à s'exposer en imagination aux situations redoutées de façon répétitive.

L'IMPACT DES IMAGES SUR LES ÉMOTIONS

Imaginez un événement déplaisant qui est survenu dans votre vie : sentez comment votre corps réagit à l'image comme si vous y étiez encore. Par exemple, repensez à une dispute récente, à une situation où on vous a mis en colère. Sentez l'émotion dans votre corps. Votre corps se souvient de l'événement.

Eh bien, c'est ce qui se produit quand on anticipe négativement les événements, notre corps réagit comme si c'était vrai ; un peu comme si on se souvenait d'un événement qui n'a pas eu lieu. Ainsi, nous pouvons avoir mal au ventre à l'idée de croiser une personne avec qui nous sommes en conflit.

Maintenant, imaginez une situation du même type qui s'est bien passée et une situation qui se déroulerait positivement comme vous le souhaitez. Observez comme votre corps réagit différemment.

REPÉRER SES IMAGES

Imaginer permet d'expérimenter ses cognitions et ses émotions mieux qu'en en parlant uniquement.

Ainsi, je demande à Mireille de me décrire comment elle imagine la confrontation avec sa collègue :

MIREILLE — *Je rentre dans son bureau, elle m'accueille froidement ; elle continue à tourner les pages de son dossier...*
MOI — *Comment sont les couleurs ? Qu'entendez-vous ? Comment vous sentez-vous dans le bureau ?*
MIREILLE — *Je ne suis pas à l'aise. Il ne fait pas très clair. J'entends le bruit des feuilles...*
MOI — *Qu'est-ce que vous vous dites ?* (ses anticipations).
MIREILLE — *Elle ne va pas m'écouter... Je ne vais pas être prise au sérieux... Je vais bafouiller... Si elle me cherche, je vais m'énerver...*

COMMENT REPÉRER VOS IMAGES

Avant une situation redoutée, vous pouvez fermer les yeux et repérer les images qui vous viennent à l'esprit.

- Comment vous représentez-vous l'événement ?
- Que voyez-vous, qu'entendez-vous ?
- Que faites-vous dans la scène ?
- Comment se comporte l'autre ?

– Comment vous sentez-vous ? Angoissé, agressif, en colère, pourquoi ?
– Quelles sont vos cognitions ? (faites-en des relevés).

Quand l'image est complètement repérée, on peut la modifier. Modifier les anticipations, c'est aussi s'autoriser à imaginer d'autres scénarios. Imaginer une situation qui se déroule bien diminue les ruminations anxieuses. On peut parfaitement intégrer ces exercices de modification de l'imagerie au cours d'une séance de relaxation.

LA RÉPÉTITION DES SCÉNARIOS

Quand on répète la visualisation, on évolue souvent vers plus de réalité ou vers une diminution de l'émotion par simple exposition en imagination à la situation anxiogène. Cette évolution apparaît quand ce sont des répétitions conscientes, pas quand ce sont des ruminations anxieuses plus ou moins conscientes. D'où l'intérêt de ne pas repousser une image angoissante.

COMMENT DÉDRAMATISER L'IMAGE

• Imaginer le pire

« Je préfère ne pas y penser ! » C'est ce que l'on a tendance à se dire quand on envisage une situation qui nous inquiète. Pourtant, c'est l'inverse qu'il faut faire.

Faites tout de suite l'expérience suivante : fermez les yeux et essayez de ne pas penser à un zèbre. Pendant une minute. Y parvenez-vous ? Vous avez remarqué que l'image a tendance à revenir. C'est exactement ce qui se passe quand on essaie de ne pas penser à ce qui nous inquiète. Beaucoup de personnes pensent se protéger en ne pensant pas ou en n'imaginant pas le pire : mais repousser ou stopper la pensée est souvent inefficace.

En fait, il faut regarder l'image en face, puis imaginer le pire. C'est le fait d'aller jusqu'au bout des scénarios catastrophes qui permet de diminuer son anxiété. Nous savons bien qu'il suffit de se dire « il ne faut pas que je pense à telle ou telle chose… » pour y penser tout le temps…

Imaginez le pire

– Si vous imaginez le pire, est-ce qu'il se pourrait que cela se passe autrement ? Comment ? Essayez d'imaginer.
– Vous est-il déjà arrivé d'envisager le pire et que cela se passe autrement ?
– Certaines séquences de l'événement que vous imaginez sont peut-être vraies, pas toutes.
– Une scène imaginée est souvent pire que la réalité.
– Examinez les conséquences :
  • Votre vie sera-t-elle foutue ?
  • Serez-vous rejeté par vos proches ?
  • Combien de temps ?

L'objectif n'est pas de dire que ce que vous prédisez ne peut pas se produire, mais que sa réalisation n'est pas certaine et que les conséquences sont peut-être exagérées.

• Passer l'image à l'envers

J'utilise parfois cette technique quand les anticipations sont trop angoissantes pour une personne. Si l'idée d'aller demander une augmentation à votre patron vous fait froid dans le dos, alors essayez-la.

Imaginez-vous vivre la situation redoutée à l'envers comme avec la télécommande de votre magnétoscope lorsque vous revenez en arrière.

• Caricaturer l'image

Imaginer les gens en short, ou tout petits, ou encore ne prêtant aucune attention à vous.

Amélie qui redoutait de présenter les résultats de l'année devant ses collaborateurs, s'exposa d'abord en imagination devant une assemblée de collaborateurs venus l'écouter en tenue de plage.

LA PROJECTION DANS LE TEMPS

Quand une situation est anxiogène, on peut imaginer comment sera la situation dans six mois, dans trois ans, dans dix ans.

Décrivez votre façon de vivre la situation sur le moment, une semaine plus tard, six mois plus tard, trois ans plus tard, dix ans plus tard.

Par exemple : vous redoutez de recroiser votre belle-sœur avec qui vous êtes fâché.

Essayez de vous imaginer comment sera la situation dans six mois, trois ans, dix ans. Quelle importance cela aura pour vous à ces moments-là ?

Personnellement, j'aime beaucoup cette façon de se projeter. Elle permet vraiment de prendre du recul et de se sentir plus serein.

Les pensées en situation

Nous avons déjà vu comment repérer ses anticipations, c'est-à-dire ce que vous pensez de la situation avant de la vivre, le film que vous projetez dans votre esprit et qui raconte la situation telle que vous imaginez qu'elle se déroulera.

Maintenant imaginons que vous êtes réellement en situation. Il se passe des choses autour de vous. Votre psychisme intègre en permanence tout ce qui vient de l'extérieur. Toutes les informations recueillies par votre cerveau vous conduisent à penser la situation d'une certaine façon. Le fait qu'un interlocuteur ne vous écoute pas peut ainsi vous faire penser immédiatement : « Il se fiche de ce que je dis », « Il me trouve sans intérêt ». Et la façon dont vous pensez la situation va elle-même influencer la sélection d'informations que votre cerveau va retenir. Vous vous focalisez alors sur ce qui confirme vos pensées.

Le contexte relationnel est important aussi. Dans le cadre d'une difficulté relationnelle, vous serez plus sensible à certains signes qui vont servir de déclic ; un ami qui vous fait une critique ne déclenchera pas la même réaction chez vous que si cette critique vient d'une personne avec qui vous avez une relation difficile.

Le principe pour modifier ses pensées en situation est le même que pour les anticipations. Il s'agit d'apprendre à les questionner et à ne pas les accepter comme étant la réalité.

Le questionnement pour les restructurer n'est pas le même puisqu'il porte sur la situation présente, et non sur ce qu'on imagine qu'elle sera. Pour vous, il est impératif de repérer vos cognitions et d'apprendre à les remettre en cause dès qu'une difficulté relationnelle se présente…

Repérer ses cognitions

• Pour commencer, comptez vos pensées négatives

Parfois, l'exercice de relevé des pensées par écrit apparaît difficile pour certaines personnes. Commencer par simplement les compter peut déjà être utile pour prendre conscience du lien entre ce que l'on ressent et ce que l'on pense. Parfois même, le seul fait de les compter les fait diminuer ou évoluer. En effet, en comptant ses pensées, le sujet prend une certaine distance par rapport à elles, retrouve un peu de maîtrise sur elles, peut reconnaître leur caractère automatique et leur incidence sur l'anxiété et l'agressivité qu'il ressent. Cette technique peut s'appliquer au cours de la situation où l'on ressent de la colère ou de l'agressivité. Par exemple, je compte mes pensées négatives pendant dix minutes.

• Dressez le relevé de vos pensées

Dresser le relevé de ses pensées en situation suit le même principe que pour les anticipations, mais vous pouvez y repérer en plus un ou des déclics. Vous pouvez faire ce relevé sous forme de colonnes ou tout simplement ligne à ligne.

Situation : ....
Déclic : ....
Émotions : ....
Pensées associées :......................................
Mes comportements : ....

Géraldine s'entend très bien avec son mari. Il est souvent à son écoute, et Géraldine est très émue lorsqu'elle en parle. Géraldine me raconte une scène survenue quelques jours plus tôt. Elle se sent fragile en ce moment. Enceinte de deux mois, elle rentre exténuée du travail. Son mari regarde de façon passionnée une retransmission sportive. Il est si absorbé par le déroulement du match de football qu'il ne la regarde pas. Elle se dit qu'il ne s'occupe pas d'elle, puis pense rapidement qu'il n'en a rien à faire d'elle. Cela la conduit de la colère à la détresse.

Je lui propose de faire un relevé de pensées. Voici ce qu'elle écrit :

Situation	Je rentre du travail. Mon mari regarde la télévision.
Le déclic	Il ne s'occupe pas d'elle.
Émotion	Colère, tristesse.
Pensées associées	« Il s'en fiche. » « Il ne pense qu'à lui. C'est un égoïste. » « Je suis toute seule. »
Comportements adoptés	Elle boude puis part dans sa chambre.

On voit comme le déclic peut mettre en route une dynamique de conflit. Le déclic a entraîné Géraldine dans une direction donnée. Il a enclenché chez elle des émotions et une façon de penser la situation. C'est toute cette cascade d'événements psychiques qui peut être le point de départ de difficultés. Après tout, on peut se dire que Géraldine ne remet pas en cause sa vision des choses. On comprend que sa grossesse lui donne une impression de vulnérabilité et qu'elle a besoin de se sentir choyée. Du coup, on se dit que le déclic n'en aurait peut-être pas été un dans d'autres circonstances. Heureusement, leur relation étant de qualité, son mari est venu la rejoindre et a écouté ce qu'elle ressentait. Le conflit n'a pas trouvé prise…

Nous allons voir plus loin qu'en questionnant sa façon de se représenter la situation, Géraldine aurait pu diminuer sa colère et sa détresse.

Faire évoluer ses pensées

Il y a plusieurs façons de faire évoluer ses pensées. À vous de trouver celle qui vous convient le mieux.

EN S'AUTOQUESTIONNANT

C'est le même principe que pour faire évoluer ses anticipations. Il s'agit de les soumettre à un questionnement logique, ce qui permet d'en venir progressivement à envisager d'autres hypothèses.

Comment vous autoquestionner

Jusqu'à quel point ce que je me dis est vrai ? (quand il s'agit d'une opinion)	Arguments pour : — — Arguments contre : — —
Jusqu'à quel point est-ce grave ? (quand il s'agit d'un fait)	Arguments pour : — — Arguments contre : — —
Est-ce que ce que je pense est possible ou certain ? Quelle est la probabilité que cela arrive ? (chances sur 100)	
Est-ce que je ne confonds pas mon opinion avec la réalité ?	
Maintenant comment puis-je reformuler ce que je pense ?	

Que donne le relevé de pensées de Géraldine ? « Il s'en fiche. Il ne pense qu'à lui. C'est un égoïste. Je suis toute seule. » Ainsi, avec Géraldine, à la question : « Jusqu'à quel point ce que je me dis est vrai ? », je la vois encore me répondre souriante : « En fait, il y a beaucoup de moments où il est très attentif. Les moments où il s'isole sont rares. C'était stupide de ma part… Le pauvre, comment j'ai pu penser cela de lui ! »

Nous n'avons pas eu besoin d'aller plus loin dans le questionnaire. Il s'agit déjà d'une reformulation. C'est souvent le cas, il n'est même pas nécessaire alors d'examiner les arguments pour ou contre. Si vous rencontrez des difficultés, examinez chaque argument pour ou contre.

Voilà donc comment une simple question peut modifier une pensée !

EN REPÉRANT ET EN REFORMULANT LES DISTORSIONS COGNITIVES

Les distorsions sont une lecture erronée de la réalité, un peu comme si on regardait un événement à travers des lunettes déformantes. Apprendre à repérer les distorsions présentes dans les pensées, puis à les reformuler, permet de retrouver une vision plus réaliste des choses. Il y a fréquemment plusieurs distorsions présentes dans une pensée.

Voici les distorsions cognitives les plus courantes :

✔ *La pensée en « tout ou rien »* : c'est-à-dire voir tout en blanc ou tout en noir. Vous êtes dans l'opposition bon-mauvais, gratifiant-pas gratifiant, sans intermédiaire possible. Par exemple, vous pensez : « Cette relation est mauvaise », parce que tout n'est pas parfait, en oubliant que les choses sont rarement blanches ou noires mais souvent grises.

Pour lutter contre cette distorsion, essayez de voir les choses de façon plus nuancée : est-ce que vous n'exagérez pas ? Pour cela, demandez-vous si il n'y a pas des arguments qui pourraient faire pencher la balance de l'autre côté.

✔ *La surgénéralisation* : on part d'un événement et celui-ci fait tache d'huile. Reprenons l'exemple de Géraldine qui trouvait que son mari ne s'occupait pas d'elle. Le sentiment de Géraldine naît d'une situation réelle mais précise où son mari ne s'occupe pas d'elle. Géraldine généralise : « Il ne pense qu'à lui » (sous-entendu « toujours »). Pourtant de « parfois » à « souvent », et de « souvent » à « toujours », le pas à franchir reste grand. La surgénéralisation donne un caractère permanent à une situation qui n'est peut-être que transitoire. Dans les difficultés relationnelles, la surgénéralisation portant sur l'autre est fréquente. « Avec elle, c'est toujours comme ça »…

Pour lutter contre cette distorsion, supprimez dans vos affirmations, les « toujours » et « jamais ». Demandez-vous si ce que vous pensez a un caractère vraiment permanent. Est-ce toujours comme cela ? Quand vous pensez « jamais », est-ce vraiment « jamais » ?

✔ *Le filtre mental* : on focalise sur un détail négatif de la situation, ce qui fausse notre vision de la réalité. Tout se passe comme si on portait des lunettes qui ne permettraient de voir que les détails négatifs des situations. Par exemple, vous avez un différend avec une personne et vous décrétez « c'est compliqué de s'entendre avec les autres » en négligeant toutes les situations où on peut s'entendre avec les autres.

Dans une difficulté relationnelle, seuls les éléments négatifs jouissent d'un droit d'accès. Par exemple, vous ne retenez que l'épisode de quelques minutes où une personne ne vous a pas écouté et en déduisez qu'elle ne s'intéresse pas à vous.

Pour lutter contre cette distorsion dans votre façon de voir les choses, de penser, demandez-vous : « N'y avait-il que ce détail négatif dans la situation ? », « N'y a-t-il pas d'autres faits qui contredisent la vision négative que j'ai ? »

✔ *La disqualification du positif* : une expérience positive n'a pas d'impact sur vous. Vous l'ignorez. Tout se passe comme si vous n'en teniez pas compte. Dans une relation, vous n'accordez pas d'attention à ce qui pourrait être positif. Vous avez réussi, par exemple, à parler à nouveau avec une personne avec qui vous étiez fâché. Vous considérez que « ça n'a servi à rien, que vous ne vous êtes rien dit de plus », sans tenir compte du fait que c'est déjà un pas de pouvoir se reparler. Vous n'acceptez pas les compliments : « Tu es très bonne cuisinière, c'est succulent ! » Au lieu, de vous sentir heureux, vous disqualifiez ce qui est dit de positif sur vous : « Oh tu sais, c'est très facile à faire ! Je ne sais faire que quelques plats… »

Pour lutter contre votre distorsion, prenez conscience que vous avez tendance à disqualifier le positif. Et demandez-vous : « Puis-je voir des éléments positifs dans cette situation ? » N'hésitez pas à vous faire aider d'un proche, demandez-lui s'il voit des éléments positifs dans votre situation.

✔ *Les conclusions hâtives* : vous en venez directement à une conclusion sans en contester la véracité.

Un seul événement, un détail, vous conduit à une conclusion irrémédiable. Par exemple : « Si ma belle-mère n'est pas venue ce week-end, c'est qu'elle a trouvé qu'on l'avait mal accueillie la dernière fois », ou « Marie m'a coupé la parole pendant la réunion, parce qu'elle a peur que je parle des problèmes du service. »

Cette distorsion inclut la « lecture des pensées d'autrui qui consiste à tirer des conclusions hâtives de ce qu'on suppose que pense l'autre. Par exemple, si vous pensez qu'une personne vous trouve sans intérêt parce qu'elle détourne le regard lorsque vous lui parlez, si vous pensez que votre collègue de travail prépare un mauvais coup parce qu'il a été sympa avec vous ce matin, on peut dire que vous avez tendance à tirer des conclusions hâtives.

Pour lutter contre cette distorsion, chaque fois que vous serez confronté à une pensée vous amenant à une conclusion comme « Si…, c'est parce que… », demandez-vous : « Comment puis-je en être sûr ? Y a-t-il d'autres explications possibles ? »

✔ *L'étiquetage* est également une distorsion très fréquente dans les difficultés relationnelles. Vous collez une étiquette sur une personne ou sur vous-même à partir d'un comportement dans un contexte. Un événement vous fait dire que cette personne est un « goujat », ou qu'elle est « radine », « malsaine », « égoïste »… Ou bien vous vous dites « je suis nul » après vous être laissé emporter dans une dispute.

Pour lutter contre cette distorsion, gardez-vous de qualifier quelqu'un d'autre ou vous-même à partir d'une situation. Cela risque de créer du ressentiment et d'aggraver la difficulté relationnelle. On ne peut pas à partir d'un événement se forger une image totale de l'autre ou de soi-même.

✔ *La personnalisation* : vous voyez en vous-même la cause de nombreux événements négatifs, dont vous n'êtes en réalité pas responsable. Cette distorsion est liée au sentiment de culpabilité. Si vous êtes en conflit ou qu'une relation ne fonctionne pas bien, c'est à coup sûr de votre faute. « J'ai échoué dans cette relation, me disait une patiente, je n'ai pas su faire que cela se passe bien », en oubliant que dans une relation on est deux et que l'interaction est difficile à maîtriser dans sa totalité.

Pour lutter contre cette distorsion, réfléchissez à votre part de responsabilité. En dessinant un camembert, demandez-vous quelle est votre part, celle des autres, celle du contexte…

✔ *Le raisonnement émotionnel* : cette distorsion correspond au fait d'utiliser ses émotions comme base du raisonnement et comme preuves. Par exemple : « Je me sens découragé donc je n'arriverai pas à arranger les choses avec mon amie » ou « Je suis en colère cela veut donc bien dire qu'il a voulu me blesser », « Je me sens coupable, donc j'ai dû mal agir ».

Pour lutter contre cette distorsion, essayez de distinguer ce que vous ressentez de vos preuves. Remettez en cause le lien entre les deux. Ce n'est pas parce que vous vous sentez découragé dans une relation que cela signifie que ce que vous ferez ne servira à rien.

✔ *Faire des prédictions négatives (ou erreurs de voyance)* : c'est une distorsion présente dans les anticipations. Elle consiste à prédire l'avenir de façon négative, ce qui induit une émotion, finalement comme si cette prédiction était certaine. Par exemple : « Elle ne va pas me rappeler », « Il va rechercher l'affrontement », « Il ne voudra pas ».

Pour lutter contre cette distorsion, il suffit de la remettre en cause en utilisant le questionnaire pour restructurer ses anticipations (voir page 26).

✔ *Les « je dois », « je devrais »* : cette distorsion est liée au perfectionnisme. On s'impose une pression soi-même en se fixant un niveau d'exigence élevé. Par exemple : « Je devrais faire ceci », « Je devrais faire cela » ; ce qui paradoxalement plonge souvent dans l'inhibition. « Je dois aller lui parler », « Je devrais l'appeler ». Cette tendance est souvent, dans une relation, projetée sur une autre personne comme « elle doit », « elle devrait ». Par exemple : « Il ne devrait pas me traiter comme ça, il doit m'écouter. »

Pour lutter contre cette distorsion, essayez de remplacer les « il faut », « je dois », « je devrais » par « ce serait bien que... », « il serait agréable... », et les « j'aurais dû » par « j'ai fait ce qui m'a semblé bon à ce moment-là »...

Les distorsions cognitives les plus courantes

- La pensée en « tout ou rien ».
- La surgénéralisation.
- Le filtre mental.
- La disqualification du positif.
- Les conclusions hâtives.
- L'étiquetage.
- La personnalisation.
- Le raisonnement émotionnel.
- Faire des prédictions négatives (ou erreurs de voyance).
- Les « je dois », « je devrais ».

SAVOIR SE DÉCENTRER

Daniel est très inquiet parce qu'il vient d'avoir avec une altercation avec son amie. Jusque-là, tout allait bien, mais elle n'a pas supporté qu'il arrive très en retard à leur rendez-vous. Du coup, elle s'est mise en colère au téléphone et lui a dit qu'elle ne l'attendrait pas. Daniel est alors à son tour très en colère, il trouve que « même s'il était en retard, il est inadmissible qu'elle agisse ainsi ». Il n'arrive pas à se calmer et se dit que, s'il la voit, « cela va mal se passer ».

Quand vous êtes en proie à une difficulté relationnelle, il est important de pouvoir prendre du recul. C'est difficile en pratique, surtout lorsque l'émotion qui vous envahit est forte. Il est plus facile de le faire dans une difficulté relationnelle chronique.

Pour prendre du recul, voici une façon de procéder. Imaginez que c'est un de vos proches qui vit votre situation et vous la raconte. Vous pourrez ainsi réfléchir en étant moins submergé par votre émotion. Prenez bien le temps de vous poser ces questions :

– Si c'était un ami, que lui dirais-je ?
– Est-ce que je penserais la même chose ?
– Quels conseils pourrais-je lui donner ?

Comment procéder en pratique pour travailler sur ses pensées ?

Il est bon de commencer par faire des relevés de pensées. Puis vous utiliserez le questionnement ou vous entraînerez à repérer vos distorsions cognitives. Lorsque vous en aurez repéré une, vous constaterez que la reformulation vient la plupart du temps d'elle-même.

Il est impératif que vous effectuiez ce travail par écrit. Apprendre à contrer ses pensées négatives est un véritable entraînement. On a souvent le sentiment de pouvoir « faire tout seul dans sa tête », ce qui paraît moins contraignant, mais dès que les difficultés sont importantes, le naturel reprend le dessus, et bien souvent vos efforts ne sont pas couronnés de succès.

Voyons comment Paul a travaillé sur ses pensées. Il commence par m'exposer sa situation et faire le relevé de ses pensées.

Paul relève ses pensées en situation

Situation	On m'avait promis une prime dans mon entreprise. Tout le monde était d'accord. Finalement, cela a été annulé. Je suis en difficultés financières…
Émotions	Sentiment d'injustice. Manque de considération.
Pensées associées	« Mon travail n'est pas reconnu dans cette entreprise. » « Je suis mis de côté. » « J'ai pourtant donné beaucoup pour mon travail. »
Comportement	Inhibition comportementale. Paul n'ose rien dire et se replie.

Une fois la situation exposée, nous avons essayé ensemble d'en savoir plus sur les cognitions de Paul pour trouver une alternative à son comportement.

MOI — *Quel serait pour vous le comportement idéal face à cette situation ?*

PAUL — *L'idéal ? Ce serait d'officialiser un rendez-vous avec mon patron.*

MOI — *Quels en seraient les objectifs ?*

PAUL — *D'abord lui dire que je pense avoir droit à cette prime et ensuite que j'ai l'impression de ne pas être reconnu dans l'entreprise.*

NOUS DÉBUSQUONS LES PENSÉES
QUI FREINENT PAUL DANS SON COMPORTEMENT

MOI — *Dans votre façon de voir les choses, qu'est-ce qui vous en empêche ?*

PAUL — *Mon patron a parfois des réactions bizarres…*

MOI — *Que pourrait-il arriver si vous adoptiez le comportement qui vous semble idéal ?*
PAUL — *J'ai peur que mon patron ne me prenne en grippe et qu'il me licencie à plus ou moins long terme. Il pourrait aussi bloquer mes futurs projets en ne me permettant pas un départ progressif quand je le déciderai.*
MOI — *Donc vous me dites que ce qui vous empêche d'aller voir votre patron, c'est l'idée qu'il pourrait vous renvoyer de l'entreprise ou vous gêner pour votre carrière future ?*
PAUL — *C'est cela.*

NOUS EXPLORONS LES SCÉNARIOS
CATASTROPHES DE PAUL, NOUS IMAGINONS LE PIRE

MOI — *Comment imaginez-vous que cela se passerait pour vous si vous étiez licencié de l'entreprise ?*
PAUL — *Si je n'ai plus de travail, je n'arriverai plus à subvenir aux besoins de mon couple. Pour moi, ce serait un échec de mon couple.*
MOI — *Qu'est-ce qui vous fait penser que l'échec de votre couple est lié à votre emploi ?*
PAUL — *En fait, j'étais en train de me dire que travail stable et couple ont toujours été liés pour moi. Cela me vient de mes parents qui tenaient un commerce. Je me souviens de leurs difficultés financières au moment où ils ont commencé à ne plus s'entendre. Mon père dilapidait l'argent.*
MOI — *Vous êtes en train de me dire que, derrière l'idée de perdre votre emploi, vous craignez pour votre couple avec Clotilde ?*
PAUL — *Oui, c'est cela. Clotilde aime les belles choses. Elle est aussi dépensière... J'ai peur qu'en ne pouvant plus lui apporter ce dont elle a envie... C'est un peu ridicule... Mais j'ai peur qu'elle aille voir ailleurs...*

NOUS RESTRUCTURONS SES COGNITIONS

MOI — *Quand vous me dites que si vous allez voir votre patron pour exposer votre problème, il va vous licencier à plus ou moins long terme, sur quels arguments fondez-vous cette prédiction ?*

PAUL — *Tout à l'heure, je vous ai dit que j'avais l'impression d'être inutile dans l'entreprise. Ce n'est pas tout à fait vrai car hier un collègue m'a dit qu'on appréciait mes capacités relationnelles pour gérer les clients difficiles.*

MOI — *Au vu de ce que vous percevez réellement de votre place dans l'entreprise, quelle probabilité accordez-vous à l'hypothèse d'être renvoyé ?*

PAUL — *En fait, la probabilité est assez faible.*

NOUS ENVISAGEONS D'AUTRES SCÉNARIOS

MOI — *Derrière la crainte de la perte de votre emploi, vous m'avez dit que vous aviez peur que la relation avec Clotilde s'arrête. Jusqu'à quel point cette crainte vous semble-t-elle fondée ? Est-ce que ça ne pourrait pas se passer autrement ?*

PAUL — *En fait, Clotilde m'a déjà montré qu'elle m'aimait. Notre relation ne repose pas sur mon travail. C'est idiot de penser qu'elle partirait pour ça.*

NOUS ENVISAGEONS D'AUTRES COMPORTEMENTS

MOI — *L'échange que nous venons d'avoir nous a éclairés sur les pensées qui ont entraîné un comportement de repli et d'inhibition. Que pensez-vous de ce comportement ?*

PAUL — *En fait, ce serait bien que j'aille voir mon patron. Il n'y a pas de raison qu'il me licencie...*

Voici maintenant l'exemple de Jules.

Jules vient d'acheter une voiture d'occasion. Au bout d'une semaine, l'autoradio ne fonctionne pas. Jules l'a signalé à la concession qui semble faire la sourde oreille. Puis, une foule de problèmes est venue s'y ajouter : problème de vitres électriques, difficultés à démarrer… Jules téléphone à nouveau au concessionnaire qui lui promet de le rappeler, mais après deux jours il n'a pas de nouvelles. Quand il rappelle le vendredi, la concession est fermée. Il tombe sur un répondeur. Il commence à franchement perdre patience. Il pense que le concessionnaire « fait exprès » de ne pas donner suite, qu'on l'a « arnaqué ». Il se demande s'il ne va pas aller « tout casser » dans l'agence : « Au moins, ils comprendront et j'en aurais pour mon argent ! » Il est très agressif dans ses propos.

À ce stade, Jules peut encore agir sur ses cognitions et essayer de calmer sa colère. Lutter contre ce type de pensées est un vrai judo mental !

Situation	La voiture est défectueuse.
Le déclic	Le concessionnaire qui n'a pas rappelé.
Les émotions	Colère.
Les pensées associées	« Il se fiche de moi. » « Il cherche la bagarre, il va voir. » « Il me prend pour un pigeon. » « C'est un incompétent. »
Comportement	Jules est agité et irritable avec son entourage.

Quelles sont les distorsions de Jules ? Conclusion hâtive, lecture des pensées d'autrui, étiquetage.

Des pensées plus réalistes seraient : « Je ne sais pas ce qui se passe avec cette concession. J'ai des ennuis avec cette voiture et je vais voir comment je peux régler le problème. Je ne peux être sûr qu'il se moque de moi. »

Si vous vous mettez souvent en colère et que vous n'arrivez pas à restructurer vos pensées, vous pouvez vous noter des pensées d'encouragement et de calme. Vous pouvez les noter en direct ou bien avoir une fiche avec vous. À vous d'essayer de trouver des phrases qui peuvent vous calmer. Faites comme si vous cherchiez à apaiser un proche.

Exemple de fiche anticolère :

- Calme-toi.
- Ce que tu penses ne t'aide pas.
- La colère ne te sert à rien.
- Que pourrais-tu faire ?

Gérez vos émotions

Accepter sa colère et la dompter

La colère est une émotion qui répond au sentiment de subir une menace, mais on se met également bien souvent en colère tout seul, en langage courant, on « se monte la tête ». L'enchaînement des pensées, plus ou moins rapide et inconscient, fait alors que la colère prend de la puissance. Et si le sentiment d'être menacé est bien le détonateur universel de la colère, il s'agit le plus souvent d'une menace symbolique concernant l'estime de soi. On a ainsi le sentiment d'être traité injustement, insulté, contrecarré ou frustré.

La colère n'est pas bonne conseillère

Comme toute émotion forte, la colère n'est pas bonne conseillère. Apprendre à sortir de cette émotion est nécessaire à plusieurs titres. Si la colère n'est pas neutralisée, elle peut donner lieu à des comportements agressifs immédiats, mais pas seulement. Une autre personne adoptera au contraire un comportement inhibé. On dit alors souvent que la colère est rentrée ou étouffée.

Les comportements agressifs immédiats qui peuvent découler de la colère sont souvent suivis d'un sentiment de culpabilité assez pénible, avec une impression d'abattement et parfois même de tristesse. C'est le cas notamment lorsque les mots portés par l'émotion ont dépassé notre pensée.

Contrairement à une croyance très répandue, « décharger sa colère » sous forme agressive ne soulage pas. La catharsis de la colère n'est pas forcément salutaire.

Parfois, les résultats obtenus sont positifs, enfin en termes de conséquence matérielle, par exemple lorsque l'on fait un scandale chez un commerçant qui refuse de changer un article… Mais votre succès, en cas de reddition du commerçant, est trompeur, vous êtes là dans une relation qui n'est pas destinée à durer. De plus, le coût émotionnel est important. On se sent rarement bien après s'être emporté, même si on pense avoir « gagné ». Il est tout à fait possible d'obtenir les mêmes résultats de façon non violente. Et si un commerçant ne veut pas céder, s'engager dans l'agression a peu de chances d'aboutir.

Carole, au volant de sa voiture, s'est retrouvée bloquée dans une rue par un automobiliste mal garé. Folle de colère devant autant de « sans-gêne », Carole est sortie de sa voiture pour interpeller violemment l'autre conducteur. Cela s'est terminé par des insultes de part et d'autre sans que le conducteur bouge son véhicule. Carole a malgré tout dû attendre. Plusieurs heures après, elle est encore bouleversée.

Si, dans le cas particulier de la relation à court terme, on peut avoir l'impression, fausse, que l'agression paye, il en est autrement dans la relation durable. Réagir de façon agressive ne vous sera bénéfique ni sur le plan émotionnel ni sur le plan relationnel.

La colère bouleverse le cerveau

Vous avez comme tout le monde déjà été en colère et vous gardez certainement de cette expérience un souvenir désagréable. Mais savez-vous ce qui se passe exactement dans votre cerveau quand vous êtes en colère ? Les mécanismes qui opèrent au moment de la colère sont bien identifiés. Au moment où la colère s'exprime, se produit une libération de catécholamines dans le système limbique, siège des émotions dans le cerveau. Le système limbique fait partie du cerveau dit « cerveau ancien » où sont inscrits les comportements nécessaires à la survie de l'espèce. Il est le siège des émotions et des réactions affectives. Le système limbique se trouve au centre du cerveau ; il est recouvert par le néocortex (néo qui veut dire « nouveau » par opposition au cerveau ancien). Le néocortex module les réponses du cerveau émotionnel.

La colère correspond à une excitation du cerveau émotionnel. Les explosions de colère excitent encore plus le cerveau émotionnel. Il peut alors prendre le dessus sur le néocortex ; on voit alors « rouge » (les cognitions ont été court-circuitées), on parle d'incapacitation cognitive car l'émotion va plus vite que la pensée. Vous comprenez mieux pourquoi il faut agir avant.

La colère se nourrit d'elle-même dans une sorte d'auto-emballement. Cette excitation s'accompagne d'un sentiment de puissance et d'invulnérabilité qu'on voit souvent sur le visage de ceux qui se mettent en colère. En même temps, le cerveau émotionnel reste en alerte des heures, voire des jours. Si bien que le seuil de déclenchement d'une autre colère est abaissé.

> Julie court chez un de ses amis récupérer en urgence un document. Elle est très anxieuse car elle doit absolument être de retour chez elle dans une demi-heure ; elle a tout juste le temps. Son ami en lui indiquant l'itinéraire par téléphone se trompe. Quand elle s'en aperçoit, elle se met en colère et ne peut plus se maîtriser : à son arrivée, elle agresse verbalement son ami.

L'état émotionnel dans lequel on se trouve peut avoir un effet facilitateur sur la survenue de la colère. Quand on a du mal à gérer son stress, le seuil d'apparition de la colère est abaissé, elle risque de survenir plus facilement : en d'autres termes, un événement qu'on aurait habituellement bien géré, peut, si on est stressé, déclencher une colère.

Comment gérer son émotion et exprimer autrement sa colère

On peut apprendre à exprimer sa colère, et c'est même souhaitable : la colère non exprimée entraîne des manifestations somatiques comme un état de tension, des douleurs, le serrement excessif des mâchoires… mais aussi, au niveau psychique, des ruminations hostiles qui auront tendance à avancer « camouflées », sous la forme de petites réflexions, de médisances (registre verbal indirect), ou de mépris, d'hostilité passive comme le fait de s'opposer simplement *en ne faisant pas* quelque chose, ou par son attitude, ses mimiques (registre non verbal)... Ces voies sont probablement choisies soit parce qu'on a peur de communiquer sa colère à l'autre par l'agression, soit parce qu'on a peur de l'autre.

Dans certaines circonstances, se mettre en colère permet de poser les problèmes, à condition que l'émotion exprimée soit reprise ensuite et serve de base à une discussion constructive. Si la réaction colérique n'est suivie d'aucun dialogue, si l'on « se ferme comme une huître », les conséquences seront probablement négatives : la résolution du problème sera encore plus difficile.

De manière générale, il est souhaitable d'apprendre à gérer sa colère et ses comportements agressifs pour qu'ils aient le moins de retentissement sur vous comme sur vos relations avec les autres, au travail, dans la famille, avec vos amis... Mais les raisons sont aussi d'un autre ordre. Plusieurs études démontrent l'incidence néfaste de la colère sur le cœur, qu'elle soit exprimée, rentrée, ou qu'elle se manifeste sous forme d'irritabilité. On a par exemple mis en évidence qu'un haut niveau de colère en réponse à un stress est associé à une augmentation du risque d'infarctus[1].

L'idéal est d'agir au plus tôt sur la colère, parce que, lorsqu'elle a pris de la puissance, il est beaucoup plus difficile de la faire retomber. Pour cela, agir au plus tôt en restructurant ses pensées est préférable. Mais ce n'est pas toujours possible tant l'apparition de la colère peut être rapide. Elle

1. « Anger in young men and subsequent premature cardiovascular disease : the precursors study », *Arch. Intern. Med.*, 2002, 22 avril ; 162(8) : 901-6.

peut dépasser la pensée. Que faire quand la colère est là ? Dans ce cas, la première chose à faire est d'accepter son émotion et de la regarder, un peu comme on saluerait un vieil ami : « Tiens donc, te voilà !… Bienvenue !… »

Pour aider cette démarche psychique d'examen de son émotion, on peut essayer de l'évaluer sur une échelle de 0 (pas du tout de colère) à 10 (le maximum de colère que je puisse imaginer pour moi), et puis réévaluer notre émotion après avoir mis en place les différentes stratégies que nous allons voir dans les pages suivantes.

Le point clé est de ne rien faire sous l'emprise de la colère si ce n'est de tenter de l'abaisser. Sortez de la pièce, allez prendre l'air, isolez-vous pour écrire, utilisez votre fiche anticolère, tentez de vous relaxer, utilisez la cohérence cardiaque… Mais ne cédez pas à votre colère.

Si vous n'avez pu la désamorcer, il vaut mieux l'exprimer. Cela évite de ruminer sans arrêt et d'entraîner des modifications comportementales qui sont une façon de donner prise à votre colère dans un registre non verbal.

Dans ce cas, il faut l'accepter et l'exprimer. Mais pas n'importe comment.

Exprimer sa colère ne signifie pas tout casser dès qu'on se sent mécontent. Il s'agit de dire ce qui nous pose problème de façon affirmée. Nous verrons en détail dans les « outils de la communication » (voir page 119), en quoi cela consiste. Un comportement affirmé vous aidera à maintenir une relation de qualité en assurant la gestion efficace des conflits. Bien exprimer sa colère, c'est dire son émotion sans attaquer l'estime de soi de l'autre et en restant centré sur ce qui pose problème. Exprimer sa colère de façon affirmée ne laisse pas de mal-être et renforce sa propre estime de soi.

Ne pas se laisser submerger par l'anxiété

Virginie a une relation tendue avec sa supérieure hiérarchique. Depuis quelque temps, cette relation s'est encore dégradée : Virginie s'oppose systématiquement à toute décision, critique ouvertement sa chef. Virginie ne sait plus très bien comment tout a commencé, mais elle a l'impression que la relation a toujours été mauvaise. Depuis quelque temps, Virginie a souvent mal au ventre le matin avant de partir travailler. Son sommeil est perturbé par des ruminations anxieuses, surtout la veille des réunions. Virginie ressent en permanence un fond d'anxiété. Le week-end, elle se sent soulagée de ne pas être au bureau alors qu'elle aime beaucoup son travail. Mais, le dimanche soir, l'anxiété la tenaille à nouveau.

L'anxiété apparaît quand une relation évolue sur le mode conflictuel. Le doute, l'incertitude créent l'anxiété. La crainte que la relation tourne mal peut être source d'angoisse. On se met à appréhender les confrontations ; parfois la relation devient à elle seule une situation phobique que l'on s'efforce d'éviter, si on le peut. Comme pour toute autre phobie, si l'on ne peut se soustraire totalement à la relation, une anxiété s'installe qui peut aller jusqu'à prendre la forme de crises d'angoisse. Virginie avait peur mais elle ne savait plus très bien de quoi. Le fait de savoir qu'on va se retrouver avec une personne avec qui on est en conflit suffit à générer de l'anxiété.

Dans le cas de Virginie, l'anxiété est associée à des anticipations concernant les réunions ou les confrontations avec sa supérieure hiérarchique.

Quelles étaient les cognitions de Virginie le dimanche soir ?

– Ça va mal se passer.
– Elle va encore me chercher des noises.
– C'est une mauvaise personne.
– C'est la barbe d'aller travailler dans une telle ambiance.
– Je vais donner ma démission.

Vous aviez sans doute repéré les distorsions en présence : prédictions négatives, étiquetage, disqualification du positif (Virginie aime ce qu'elle fait).

Quelles seraient des pensées plus réalistes ?

– Je ne sais pas comment ça peut évoluer.
– Je me concentre sur ce que j'aime faire et je vois comment je peux essayer de régler le problème relationnel.
– Je me donne du temps avant d'envisager une décision extrême.

Laura est une jeune lycéenne. Dernièrement, un de ses professeurs l'a critiquée à plusieurs reprises devant une autre classe ; elle l'a appris et en est très affectée. Elle aimerait lui dire que cela ne se fait pas, mais elle a peur que cela se « termine mal », car elle se trouve très émotive et pense qu'elle ne gardera pas son calme : elle finira par lui dire « ses quatre vérités ». Elle aimerait aller lui parler mais elle se sent trop anxieuse.

Quelles sont les cognitions de Laura ?

– C'est dramatique qu'il m'ait critiquée.
– J'ai dû faire quelque chose de mal.
– Si je vais le voir, je n'arriverai pas à garder mon calme.

Ici, les distorsions relèvent des catégories : tirer des conclusions hâtives (est-ce si dramatique ?), personnalisation, prédictions négatives.

Quelles seraient des pensées plus réalistes ?
- Les conséquences ne sont peut-être pas si catastrophiques.
- Ce n'est pas parce qu'il m'a critiquée que j'ai mal fait.
- Je ne peux pas savoir à l'avance comment se déroulera notre entretien.

La restructuration cognitive et la relaxation (pour agir sur les sensations physiques associées à l'anxiété) sont une aide précieuse pour lutter contre l'anxiété.

Sortir de la culpabilité

Le sentiment de culpabilité peut prendre racine dans l'histoire personnelle de chacun. Cependant, en termes de façon de penser, la distorsion cognitive, pierre angulaire de ce sentiment, est la personnalisation. Nous savons que cela revient à s'attribuer la responsabilité des événements : « J'ai fait quelque chose que je n'aurais pas dû faire », « Je me suis mal conduit ».

Le sentiment de culpabilité est activé dans certaines situations relationnelles où on a l'impression d'avoir fait quelque chose que l'autre pourrait mal juger ou nous reprocher (sans que cela soit obligatoirement la réalité). Si on manque de confiance en soi, une critique peut activer ce sentiment qui entraîne un comportement de justification.

Par exemple, Valérie ne s'est jamais sentie à l'aise dans le service où elle est actuellement. Elle a l'impression qu'on pense qu'elle n'a pas les compétences requises pour ce poste. Dès que l'on critique une de ses initiatives, Valérie se perd dans des justifications qui n'en finissent plus. Elle a tout de suite l'impression d'avoir mal fait. Plutôt que de chercher si la critique de son interlocuteur est fondée, Valérie se sent tout de suite coupable. Elle passe son temps à s'excuser.

> Au feu rouge, Alexandre descend de son véhicule et se dirige vers le conducteur arrêté devant lui pour l'insulter car il lui a fait une queue de poisson. Quand il redémarre, il se sent mal à l'aise. Il regrette d'avoir réagi violemment. « Je n'aurais pas dû réagir ainsi », se dit-il.

La culpabilité apparaît fréquemment après qu'on a fait preuve d'agressivité parce que perdre son self-control est perçu comme un signe de faiblesse personnelle. On aurait voulu garder la « tête froide ».

Quand vous vous sentez coupable, recherchez d'abord les distorsions dans vos pensées.

- Si c'était une autre personne qui était dans votre cas, penseriez-vous qu'elle est coupable ?
- Serait-elle responsable à cent pour cent ?
- Dessinez un camembert et distribuez les parts de responsabilité de chacun en pourcentage : vous, l'autre, les autres personnes, le contexte… Comment pouvez-vous agir sur les différentes parts ?

Si vous vous sentez fréquemment coupable dans une relation, que votre partenaire dans cette relation active régulièrement votre culpabilité et que vous vous sentez obligé de vous justifier en permanence, que cette personne vous rabaisse, ne fait que des remarques négatives sur vous, demandez-vous si vous n'avez pas affaire à une personne manipulatrice ou perverse. Attention, c'est souvent d'autant plus difficile à percevoir que ces personnes peuvent, dans leur processus de séduction, se présenter comme des personnes « adorables ». Si vous ne supportez pas la solitude, que vous êtes rapidement dépendant des autres, que vous vous sentez facilement abandonné, vous êtes particulièrement exposé à ce type de rencontre.

Prenez bien le temps d'examiner la nature de la relation : est-elle réellement gratifiante, est-elle symétrique, y a-t-il un réel échange ? En dehors d'une dépendance qui a pu s'établir dans cette relation, y a-t-il une véritable construction amicale ou amoureuse à deux ? Est-ce que cette personne ne pense pas qu'à elle et n'écoute pas vos désirs ? Si c'est le cas, et que cette personne vous rabaisse en permanence, elle ne vous aime pas et cela ne vient pas de vous.

Si dans une relation amoureuse, amicale, familiale, l'autre vous dévalorise régulièrement, qu'il vous fait vous sentir coupable, et qu'il n'y a pas de réel échange, méfiez-vous. La culpabilité peut vous faire sentir responsable de son comportement, alors qu'il n'en est rien.

La tristesse

Dans une difficulté relationnelle, la tristesse peut apparaître dans plusieurs cas de figure. D'abord si on a adopté un comportement agressif dans la relation. On regrette souvent ce comportement, et on se sent coupable. On peut se sentir dévalorisé.

Dans certains cas, c'est le fait de se sentir abandonné qui entraîne la tristesse. Bien souvent, il s'agit d'une impression. Et l'analyse des pensées est très utile.

Dans un autre cas de figure, il est question de la perte que chaque sujet affronte à un moment donné dans sa vie.

Dans cet événement, la colère est liée à la tristesse comme dans un mécanisme de deuil.

> Élodie s'est disputée avec sa meilleure amie il y a déjà plusieurs semaines pour une broutille. Mais ce qui s'est dit a été violent. Depuis ce moment, Élodie n'a plus de nouvelles de son amie. Elle a l'impression « qu'elles sont fâchées à vie ». Elle est triste à l'idée que leur relation est peut-être brisée, mais se sent en colère que son amie ne semble pas aussi affectée.

Rien ne permet à Élodie d'affirmer que cela ne peut pas s'arranger. Mais quand on sent qu'une relation se dégrade, la déception mêlée à la tristesse est une réaction normale si la relation nous tenait à cœur. Même si arrêter la relation est une décision personnelle, il y a une perte de ce qu'apportait la relation, et une page à tourner dans l'histoire de cette relation. La tristesse accompagne le deuil de la relation. Pour qu'une relation se termine bien, il est important de ne pas rester sur des non-dits.

Quand la relation prend fin, la tristesse sera d'autant plus présente et le deuil de cette relation d'autant plus difficile que cette fin aura été brutale. Ça peut être le cas d'une rupture amoureuse, d'une relation amicale où on s'est senti trahi. Dans ce cas, il faut accepter sa tristesse et se dire qu'elle est une émotion humaine normale quand une relation se termine. On peut la détourner en investissant d'autres relations.

Se relaxer

Demander de se relaxer à une personne sous l'emprise de la colère serait comme demander à un poisson sorti de l'eau d'arrêter de se débattre. La relaxation n'a d'efficacité que dans le long terme en maintenant un niveau suffisamment bas de tension et en permettant une montée de tension dans les limites de ce qui est contrôlable. Pour ce faire, il est nécessaire d'en maîtriser la technique et celle-ci ne s'acquiert pas dans l'émotion.

Il existe deux méthodes principales de relaxation : le training autogène de Schultz et la relaxation progressive de Jacobson.

Le training autogène de Schultz

C'est une technique passive où l'apprentissage de la relaxation passe par la perception des sensations de pesanteur et de chaleur dans les membres et le plexus solaire, la maîtrise du rythme cardiaque et respiratoire. Chaque étape est apprise progressivement puis, au fur et à mesure de l'apprentissage, les étapes s'enchaînent d'un trait. On utilise des « formules intentionnelles » qui accompagnent les sensations physiques qui sont ajoutées progressivement sur plusieurs semaines. On obtient ce qu'on appelle un état de déconnexion qui se rapproche de l'autohypnose.

- Mon esprit est entièrement calme.
- Mes bras sont lourds. Mes jambes sont lourdes. Mon corps est entièrement lourd.
- Mes bras sont chauds.
- Mes jambes sont chaudes.
- Mon corps est entièrement chaud.
- Mon plexus solaire est chaud.
- Ma respiration est calme.
- Mon cœur bat calme et fort.
- Mon front est frais.

L'apprentissage du *training autogène* demande environ quatre mois. C'est une des techniques de relaxation de référence. On peut l'apprendre chez un thérapeute relaxologue. Elle permet de mieux gérer son anxiété, sa colère, en intégrant dans sa vie des moments de déconnexion.

La relaxation progressive de Jacobson

Cette méthode de relaxation est aussi une méthode de référence. Cette relaxation est dite active car on demande à la personne de faire quelque chose. Vous apprenez à contracter et à relâcher chaque groupe musculaire (mains, avant-bras, épaules...), et à percevoir la différence de ressenti entre la contraction et le relâchement de chaque groupe musculaire. Par exemple, on inspire en contractant les muscles de la main et on expire en relâchant les muscles. On le fait plusieurs fois pour bien ressentir le relâchement. Et on le fait pour chaque groupe musculaire. Elle est souvent associée à un apprentissage de la respiration ventrale ; l'hyperventilation étant responsable de sensations pénibles associées à l'anxiété. L'apprentissage de cette méthode de relaxation est plus rapide.

Actuellement, on préconise dans la gestion du stress des séances de minirelaxation (de quelques secondes à quelques minutes) réparties au cours de la journée et effectuées en position assise (en voiture, à l'arrêt à un feu, au bureau...). Quand on l'a apprise, la répétition de ce type de relaxation permet de maintenir un niveau de tension musculaire minimal.

La relaxation ainsi apprise permet de contrôler la tension musculaire associée à l'anxiété et de diminuer votre vulnérabilité dans certaines situations stressantes. Il existe beaucoup de livres qui décrivent les différentes méthodes, mais rien ne remplace l'apprentissage avec un thérapeute.

Personnellement, pour une pratique régulière, je préfère le *training autogène*. Mais son apprentissage demande du temps et un certain investissement. La relaxation de type Jacobson est plus indiquée si on a tendance à avoir beaucoup de pensées pendant la séance. Il est plus facile de focaliser son attention quand il faut faire quelque chose. Si on est très en colère ou très anxieux, la technique de Jacobson permet de détourner son attention des ruminations qui accompagnent ces émotions négatives.

Si on peut déjà intégrer une miniséance de relaxation centrée sur la respiration abdominale plusieurs fois dans la journée, on peut en tirer bénéfice.

Miniséance de relaxation

1. Installez-vous confortablement, assis ou allongé. Desserrez tout vêtement trop serré.
2. Concentrez-vous d'abord sur votre respiration : à l'inspiration, le ventre pousse, à l'expiration le ventre s'aplatit. Essayez d'adopter une respiration calme. À l'inspiration, comptez jusqu'à 6. À l'expiration, comptez jusqu'à 6, puis faites une petite pause avant de reprendre. Plus la respiration est lente (mais vous ne devez pas vous sentir incommodé), mieux c'est.
3. Si vous avez des difficultés pour adopter la respiration abdominale, vous pouvez vous entraîner allongé en posant un dictionnaire sur votre ventre. Cela vous forcera au début à pousser sur votre ventre. La poitrine ne doit pas bouger. Au début, posez une main sur votre poitrine pour contrôler qu'elle ne bouge pas. Faites cela quelques minutes.
4. Puis concentrez-vous sur les différents points d'appui du corps où vous percevez sa pesanteur.
5. À chaque expiration, percevez de plus en plus la pesanteur de votre corps.

Une miniséance dure cinq à dix minutes.

Avoir un lieu sûr mental (la visualisation)

On utilise cette technique en hypnose ou en EMDR pour renforcer l'impression interne de sécurité quand l'émotion est très forte, ou tout simplement pour se détendre.

Après vous être confortablement assis, fermez les yeux. Imaginez un endroit réel ou imaginaire où vous vous sentez bien et en sécurité. Cela peut être une forêt, la plage de vos vacances, un musée... Respirez calmement sans chercher à contrôler votre respiration. Essayez de ressentir le lieu : que voyez-vous ? Comment sont les couleurs, quelles odeurs sentez-vous, qu'entendez-vous ? Peut-être des oiseaux, le bruit de la mer, des passants... Essayez de vous connecter avec l'endroit dans votre corps où vous ressentez ce calme. Associez bien l'image de votre lieu et le ressenti dans votre corps. Profitez de ce lieu.

Vous pourrez convenir que ce lieu mental est votre « lieu sûr », dans lequel vous pouvez aller pour vous calmer quand vous le souhaitez.

Apprendre la cohérence cardiaque

On connaît encore peu cette méthode pourtant très efficace pour gérer ses émotions négatives. Beaucoup de personnes qui l'ont apprise en tirent parti, que ce soit pour traiter leur trac, leur anxiété ou leur colère. La cohérence cardiaque consiste en un état particulier de connexion entre le cœur et le cerveau qui se traduit par une modification physiologique mesurable au niveau du cœur.

Il existe une relation intime entre le cœur et le cerveau, et cette relation fonctionne dans les deux sens : le cerveau influence le cœur et le cœur influence le cerveau. On comprend mieux des expressions comme « parler avec son cœur », « je suis de tout cœur avec toi », « je t'ouvre mon cœur ». Toutes ces phrases illustrent la proximité du cerveau émotionnel et du cœur. Ainsi les états émotionnels influencent le cœur. En apprenant à contrôler son cœur, on peut agir sur son cerveau émotionnel.

Cette technique se distingue de la relaxation. Ce que l'on ressent est différent, cela ressemble à une sorte de légèreté dans la poitrine, comme si le cœur était un petit ballon s'élevant dans les airs.

J'enseigne souvent plusieurs techniques à mes patients, la relaxation, la cohérence cardiaque... Je leur demande quelle différence ils perçoivent entre toutes ces techniques. Voici quelques exemples de leurs réponses : « Je ressens plus de stabilité, je sens que mon corps est plus droit », « C'est comme une plaine, comme si on avait enlevé les émotions négatives et qu'on pouvait en remettre des positives... », « Je me sens détendue mais avec beaucoup d'énergie et de concentration »...

Quand la colère est très forte, peu de techniques sont efficaces dans l'instant. Comprendre qu'il faut différer la réponse est la clé. Pratiquer les exercices de cohérence cardiaque permet de mettre cette clé en pratique, de différer et même de modifier son émotion lorsqu'on est entraîné. L'objectif ici est d'aller vers la neutralité émotionnelle. La colère est une émotion puissante, si on peut la neutraliser, c'est déjà une bonne avancée.

Si vous prenez votre pouls au niveau de votre poignet, pendant une minute, vous obtiendrez un nombre de battements par minute qui correspond à une moyenne de votre fréquence cardiaque (le rythme cardiaque battement par battement). Cela peut être, par exemple, 70 battements par minute.

En réalité, cette fréquence cardiaque est à tout instant variable ; c'est ce que l'on appelle la *variabilité du rythme sinusal* (VRS). Ce rythme est très sensible aux changements émotionnels.

D'un point de vue physiologique, il faut savoir que la variabilité du rythme sinusal diminue avec l'âge. Chez le nouveau-né, le rythme cardiaque est extrêmement variable, plus on vieillit, moins le rythme cardiaque est variable. En cardiologie d'ailleurs, la VRS est prédictive de la mortalité dans les maladies cardiaques. Les émotions positives améliorent la VRS et diminuent le risque d'arrêt cardiaque chez des patients cardiaques. L'absence de variabilité est mauvaise pour le cœur. Le cœur communique avec le cerveau par différentes voies nerveuses et biochimiques. Cette variabilité du rythme correspond à la réponse du cœur qui reçoit deux branches du système nerveux autonome partant du cerveau qui font varier la fréquence (la branche sympathique augmente la fréquence cardiaque, la branche parasympathique la diminue).

Reprenons notre exercice : si l'on établit une courbe de la VRS évoluant dans le temps, on obtient une courbe qui oscille de façon plus ou moins cohérente. La VRS apparaît chaotique, incohérente quand le sujet ressent de la colère, de l'irritation, un sentiment de frustration. Les émotions négatives désynchronisent en effet les deux branches du système nerveux autonome et créent une incohérence émotionnelle. Les émotions positives telles que l'amour, l'appréciation sont associées à une VRS dite cohérente : on parle de *cohérence émotionnelle ou cardiaque*. L'état de *cohérence émotionnelle ou cardiaque* indique un état de balance et de synchronisation entre les deux branches du système nerveux autonome.

Quand on apprend à amener la VRS vers plus de cohérence, on renverse en même temps les émotions vers plus de cohérence et cela entraîne le système nerveux autonome vers l'équilibre. L'information qui va du cœur vers le cerveau change.

Avec la pratique, c'est réellement efficace, le ressenti et la perception changent : les fonctions cérébrales sont plus efficientes car le cerveau émotionnel ne prend pas le dessus sur le cortex, on pense plus clairement.

Les cardiologues ont des appareils sophistiqués pour mesurer la VRS et d'autres paramètres. Ces logiciels permettent de construire le tracé de cette variabilité du rythme cardiaque qui montre une courbe chaotique quand le sujet est sous l'emprise de la colère.

Comment entrer en cohérence cardiaque

Il n'est pas nécessaire d'avoir un logiciel pour contrôler votre courbe de variabilité cardiaque. Aucun logiciel ne pourra remplacer ce que vous expérimenterez. Pratiquez la technique et voyez si au bout de quelques semaines vous en ressentez les bienfaits. Il arrive que certaines personnes ressentent un changement émotionnel positif sans que leur rythme cardiaque change. Ce qui compte, c'est la façon dont vous percevez et ressentez l'utilisation de cette technique.

Pour générer des émotions positives ou, dans le cas de la colère, pour tenter de la neutraliser, l'idée est d'utiliser une image ou un souvenir que vous associez à une émotion positive telle que le sentiment d'appréciation ou d'attention envers une personne ou une situation. Vous serez amené à un moment donné à vous concentrer sur l'émotion ou sur l'image que suscite le rappel de ce souvenir. Déterminez, avant de commencer, l'image que vous allez visualiser. Cela peut-être l'image d'un être cher, un souvenir, une image mystique ou merveilleuse, un lieu imaginaire… Tout ce qui peut vous faire ressentir un sentiment positif d'appréciation ou d'amour.

Dessin 1

– Chaque trait correspond à un battement cardiaque.
– L'espace *x* est le temps écoulé entre chaque battement.

A. L'espace *x* est constant entre chaque battement : la variabilité est nulle

B. L'espace *x* entre chaque battement varie : la variabilité sinusale est élevée.

Dessin 2

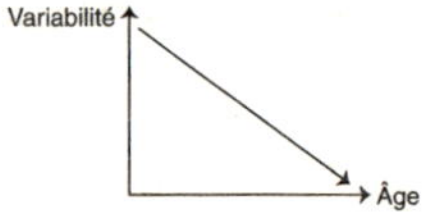

Dessin 3

La variabilité peut être chaotique

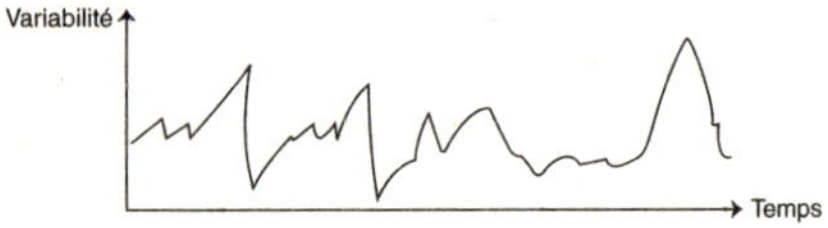

ou suivre une courbe harmonieuse : c'est la cohérence cardiaque.

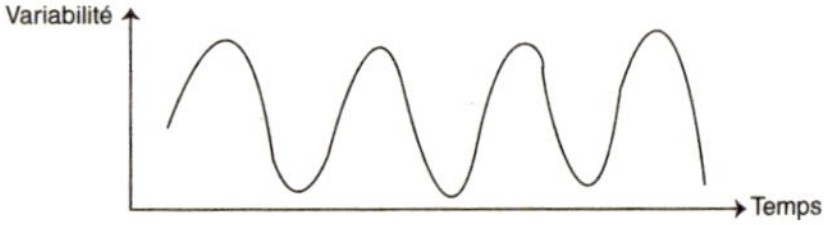

Les dessins ont été réalisés
avec le concours du docteur Dany Marcadet, cardiologue

Pour ma part, j'utilise un souvenir de pêche à la ligne dans le Lot. J'y apprécie les couleurs, le bruit de la nature et de l'eau qui s'écoule... Je me concentre sur le plaisir, l'appréciation de ce moment que ce souvenir m'évoque.

Voici quelques autres idées :
- Des collaboratrices vous félicitent pour votre travail.
- Votre enfant s'endort dans vos bras.
- Le souvenir d'un déjeuner à la campagne avec des amis.
- Vos dernières vacances au bord de la mer...
- L'image d'une fontaine lumineuse.

Une séance de cohérence cardiaque

1. Installez-vous confortablement, assis, dans un endroit où vous ne serez pas dérangé. Dans un premier temps, je vous conseille de fermer les yeux. Quand vous en aurez l'habitude, vous pourrez le faire les yeux ouverts.
2. Prenez plusieurs inspirations lentes et profondes tout en focalisant sur la région du cœur située au milieu de la poitrine. Puis focalisez sur votre respiration en imaginant l'air qui descend dans la gorge, la trachée, puis passe à travers votre cœur pour ressortir par le plexus solaire situé entre le nombril et l'extrémité inférieure du sternum.
3. Activez le sentiment positif d'appréciation et essayez de le maintenir.
4. Si vos pensées s'égarent, refocalisez doucement sur la respiration et la région du cœur.

Pour mémoriser et pratiquer facilement l'exercice, retenez :
- Focalisation.
- Appréciation.
- Maintenir.

Une séance dure environ dix minutes.

Si votre colère est trop forte, il se peut que vous ne puissiez passer à l'étape 3. Dans ce cas, restez focalisé sur votre respiration et la région du cœur jusqu'à ce que vous arriviez à la neutralité. Ensuite si vous le souhaitez, passez à l'étape 3.

Cette technique ne doit pas être utilisée uniquement quand vous êtes en colère ou anxieux. Il est important justement qu'elle ne soit pas associée dans votre esprit uniquement à des moments pénibles. Vous pouvez la pratiquer le matin mais aussi dans la journée quand vous souhaitez vous déconnecter quelques instants. La régularité de séances de dix minutes est recommandée. En situation de conflit, vous pouvez l'utiliser pour sortir de l'émotion et réagir plus clairement. N'oubliez pas, si vous êtes en colère, l'objectif est d'atteindre la neutralité, pas le bien-être.

Si on enregistre la VRS chez des personnes pratiquant la relaxation ou la méditation, on observe parfois l'apparition d'un état de cohérence, mais pas toujours. Si, en cours de séance de relaxation ou de méditation, alors que le sujet n'est pas en cohérence, je lui demande de ramener son attention sur le cœur, la plupart du temps la cohérence apparaît. C'est la focalisation de l'attention sur le cœur et sur le souffle qui est primordiale. Le sentiment d'appréciation vis-à-vis de l'image choisie vient renforcer l'effet.

Il est important de préciser que je m'en tiens au versant émotionnel. Si les émotions positives sont bonnes pour la santé, gérer ses émotions négatives en pratiquant la cohérence cardiaque ne veut pas dire qu'on changerait le cours d'une maladie où on a remarqué que la VRS est faible. La connexion est plus complexe et les cardiologues s'y intéressent. Cela nécessite que l'on poursuive les recherches.

La cohérence cardiaque peut très bien être utilisée dans le travail sur les pensées. Par exemple, quand vous ressentez de la colère ou de l'agressivité, voici comment procéder :

Travaillez sur vos pensées en utilisant la cohérence cardiaque

1. Décrivez la situation :

....

2. Faites l'exercice de cohérence pour arriver à la neutralité.

– Focalisation.

– Appréciation.

– Maintenir.

3. Comment voyez-vous la situation maintenant ?

....

Essayer la désensibilisation par mouvements oculaires

L'EMDR est une technique thérapeutique. Cette technique consiste à effectuer des mouvements oculaires le plus rapidement possible en restant focalisé sur le ressenti corporel de la colère ou de l'anxiété. Ce ressenti peut être localisé (creux de l'estomac, poitrine, nuque...) ou diffus. Le fait d'effectuer des mouvements oculaires permet à certains patients de mieux gérer leurs émotions. L'EMDR est une thérapie brève, récente en France, validée scientifiquement, principalement dans le traitement des psychotraumatismes, même si ses indications sont sans doute plus larges. Des applications sont actuellement à l'étude dans le cadre de la douleur et des phobies. Les initiales EMDR signifient *Eye Movement Desenzitivation and Reprocessing* (traduit en français par intégration neuro-émotionnelle par mouvements oculaires). Dans cette thérapie qui nécessite la présence d'un thérapeute formé à la technique, le patient effectue un travail psychique où sont intégrés des mouvements oculaires. Cette technique est redoutablement efficace chez les patients ayant souffert d'un traumatisme.

La technique que je vous propose de pratiquer ici est une technique issue de l'EMDR.

Lorsque vous êtes envahi par une émotion dont vous n'arrivez pas à vous détourner, avant de vous laisser guider par votre colère vers un comportement agressif, essayez cette technique ; cela vous permettra déjà de différer votre réponse.

Comment apaiser votre colère par les mouvements oculaires

Vous pouvez prendre pour repères les deux coins de la pièce ou vous placer au centre de deux spots lumineux. En vous penchant en arrière sur votre fauteuil, par exemple, prenez comme repères les deux coins de la pièce au niveau du plafond.

1. Avant de commencer, évaluez l'émotion que vous ressentez entre 0 et 10.
2. Focalisez votre attention sur l'endroit où vous ressentez cette émotion, puis effectuez une série de mouvements oculaires (trente allers-retours entre les deux repères que vous avez choisis).
3. Ensuite, réévaluez votre émotion et recommencez une série jusqu'à ce que l'émotion soit descendue à 0 ou 1.

Vous pouvez remplacer les mouvements oculaires en posant les mains sur vos cuisses et en effectuant des tapes alternatives.

Utilisez les outils de la communication

Je vais d'abord vous présenter quelques notions importantes de la communication entre les individus. Cet éclairage vous aidera sûrement à mieux comprendre ce qui se passe. Plus loin, nous aborderons les techniques d'affirmation de soi qui sont des outils très efficaces pour mieux communiquer et s'affirmer. Beaucoup de ces principes et attitudes de base valent pour toutes les situations d'agressivité que l'on veut désamorcer, en évitant l'escalade et en évitant d'aggraver l'émotion des autres. Attaquer l'estime de soi des autres est à mon avis la chose la plus fondamentale à éviter.

Il est difficile d'intégrer toutes les techniques en une seule fois ; je conseille d'en choisir une et de l'utiliser régulièrement, puis d'en ajouter une autre. Pour bien les maîtriser, entraînez-vous si vous le pouvez en jeu de rôle avec une personne proche.

On communique malgré soi

Les théoriciens de l'école de Palo Alto aux États-Unis sont mondialement connus pour leurs travaux sur la communication réalisés dans les années 1960. Il faut savoir que la communication ne se borne pas à transmettre une information, mais induit aussi, dans le même temps, un comportement. L'effet d'un comportement dans une relation est donc primordial. Tout comportement a valeur de message et l'absence de comportement n'existant pas, on ne peut pas ne pas communiquer.

Les chercheurs de Palo Alto distinguent deux façons de communiquer :

• La communication analogique correspond à la communication non verbale dans laquelle sont inclus les postures, les gestes, les mimiques, les inflexions de la voix, les intonations et les successions de mots… La communication analogique est plus archaïque que la communication digitale. Les messages analogiques ne sont pas dénués d'ambiguïté : les larmes peuvent exprimer le chagrin ou la joie, le poing fermé l'agressivité ou la douleur, un sourire la sympathie ou le mépris.

• La communication digitale repose sur le principe du « tout ou rien ». Elle correspond au verbal (les mots prononcés). Elle est plus abstraite que la communication analogique et repose sur l'arbitraire : pourquoi nomme-t-on un chat un « chat » ? Le langage digital possède une syntaxe logique complexe.

Si vous regardez et écoutez un interlocuteur étranger dont vous ne comprenez pas la langue : même si vous n'identifiez pas les mots (langage digital), vous pouvez aisément comprendre qu'il est en colère par sa gestuelle, son intonation de voix (langage analogique). Quand vous réprimandez votre chien, c'est bien sûr le langage analogique qu'il comprend ; vous avez beau penser « qu'il ne lui manque que la parole », le sens des mots lui échappe.

Lorsque la relation est au centre de la communication, le langage digital est à peu près dénué de sens. C'est le cas dans faire la cour, aimer, aider, combattre, s'occuper de très jeunes enfants…

Les deux aspects de la communication, *contenu* et *relation*, coexistent : le *contenu* est véhiculé par le mode digital, la *relation* est essentiellement de type analogique. Dans tout message coexistent ces deux modes de communication.

Il est primordial pour vous de savoir que, dans une relation, nous nous fions principalement au langage analogique. Vous comprenez les malentendus qui peuvent découler de la possibilité de décalage entre le langage analogique et le langage digital.

Par exemple, dans la séduction, tout se joue principalement dans le mode analogique. On se recoiffe en parlant, la femme fait des effets de cheveux, chacun roule des yeux, on se pince les lèvres, la femme gonfle sa poitrine… Le mode digital est sans grande importance et n'exprime pas la démarche de séduction : « Tu peux me prêter ton livre », « Tu veux boire un café », « Veux-tu m'accompagner au cinéma ? » On peut dire que faire la cour, séduire, présente un aspect principalement analogique. Une digitalisation de la relation correspondrait au contrat de mariage.

Concernant l'expression de la colère dans un comportement, elle n'échappe pas à cette logique de communication. Prenons un exemple : vous faites la moue (langage analogique) pour une raison quelconque et votre conjoint s'en aperçoit et vous demande : « Ça ne va pas ? », vous répondez avec agressivité : « Si, ça va » (langage digital). L'agressivité s'exprime ici à travers le mode analogique, et le mode digital n'a pas de sens puisque votre conjoint se fiant au mode analogique sait bien que vous êtes en colère. Autre situation : votre conjoint vous dit : « Tu pourrais t'occuper un peu des enfants. » Sur le mode digital, cela semble clair, en revanche du point de vue analogique, cela peut être un reproche plein d'agressivité, ou une demande bienveillante.

Vous comprenez mieux la complexité des relations entre humains. Nous avons vu que nos cognitions peuvent être bourrées de distorsions et ainsi nous nous méprenons dans nos interprétations. Une autre source de méprise sont les erreurs de traduction entre langage analogique et langage digital. Le contenu d'un message analogique se prête à des interprétations digitales qui peuvent être très différentes et parfois incompatibles. Par exemple, si un homme tremble et devient pâle quand sa femme l'interroge violemment parce qu'elle le soupçonne d'être infidèle : ce comportement peut correspondre à une preuve irréfutable qu'il est pris en flagrant délit de mensonge, ou bien il s'agit d'un être émotif qui se demande ce qui lui arrive.

Un autre aspect qui retiendra notre attention au sujet de la relation est celui de symétrie et de complémentarité. Je vous demande de bien comprendre ce qu'est l'escalade symétrique car c'est une notion fondamentale dans les difficultés relationnelles.

Dans une relation symétrique, fondée sur l'égalité, les partenaires adoptent un comportement en miroir. On assiste à une minimalisation des différences. Le danger, dans la relation symétrique, est la rivalité. L'escalade symétrique risque, à terme, après un emballement du système, d'aboutir à des scènes et à des conflits. Dans les conflits conjugaux, les conjoints se livrent à l'escalade dans la frustration. Ils s'arrêtent quand ils sont épuisés, pour une trêve passagère, puis recommencent, c'est reparti pour un tour. Les relations symétriques saines sont caractérisées par le respect mutuel et la confiance réciproque qui évitent la malheureuse *escalade symétrique*.

Dans une relation complémentaire, l'un des partenaires occupe la position *haute*, l'autre la position *basse*. Ce type de relation existe socialement, c'est le cas de la relation mère-enfant, médecin-malade, professeur-élève… Les relations complémentaires peuvent aussi être saines mais, quand les problèmes surgissent, les troubles qui les caractérisent sont différents. Ils ont tendance à aboutir au déni qui dit : « Vous n'existez pas » plutôt qu'au rejet qui dit : « Vous avez tort ». Les troubles des relations complémentaires ont un retentissement psychiatrique plus marqué. Chez l'un des partenaires, ou les deux, on assiste à un sentiment croissant de frustration. Ces individus sont adaptés en dehors de la relation, leur comportement est satisfaisant. Quand le complément arrive, ils changent du tout au tout. Il n'est pas rare d'observer ce type de phénomène dans les relations qui vous entourent. Untel est éteint quand sa femme est là, unetelle est agressive quand son conjoint est présent.

Tout échange de communication est symétrique ou complémentaire selon qu'il se fonde sur l'égalité ou la différence. Ces types de relations se trouvent en alternance dans différents domaines, et cet alliage crée les conditions de relations « saines ».

Gardez bien en tête que votre objectif, quand une situation relationnelle dérape, est d'éviter à tout prix l'escalade symétrique.

Le conflit silencieux

Après des restructurations dans une agence commerciale, la direction a décidé que les employés qui accueillent les clients doivent leur remettre un formulaire à remplir. Les employés ne sont pas d'accord sur le contenu de ce formulaire et pensent que ce n'est pas leur rôle de le remettre. Après plusieurs réunions pendant lesquelles le désaccord persiste, la direction impose la mesure. Devant la pression de la hiérarchie, les employés finissent par accepter verbalement. Mais, dans les jours qui suivent, les employés s'opposent en silence à la décision en oubliant de remettre le formulaire, ou en prétextant qu'ils sont débordés. Le résultat final est que le formulaire n'est pas remis, les employés exprimant ainsi leur désaccord.

Au cours d'un dîner, Élisabeth fait une critique à Mireille concernant sa façon de mener sa carrière. Mireille se sent tout de suite offensée, mais ne dit rien et reste silencieuse jusqu'à la fin du dîner. En partant, Élisabeth lui demande : « J'espère que tu n'as pas été vexée tout à l'heure ? » Mireille lui répond : « Non, non, pas du tout », alors qu'elle ressent toujours une vive colère. Depuis ce temps, Mireille ne répond plus aux appels téléphoniques d'Élisabeth et ne rappelle pas quand elle lui laisse des messages. Amenée à la croiser dans une soirée, Mireille salue Élisabeth et quand Élisabeth lui parle de ses messages auxquels elle n'a pas répondu, elle prétexte : « Oh tu sais, j'ai été débordée ! » Mireille quitte rapidement la soirée.

Béatrice et Benoît ne s'aiment pas ; tout le monde le sait dans l'entreprise. Sans qu'il n'y ait jamais eu d'altercation, on pense qu'ils sont en rivalité sur leurs compétences. En tout cas, c'est ce qu'on murmure. On observe parfois des attitudes d'hostilité chez l'un ou l'autre. Ils se disent « bonjour » sur un ton monocorde et s'évitent la plupart du temps. Dans les réunions, on voit des sourires ironiques sur le visage de Béatrice et elle lève souvent les yeux au ciel dès que Benoît parle. Ils se coupent régulièrement la parole. Benoît adopte le même type d'attitude, sort d'une pièce quand Béatrice y entre, interrompt sa conversation dès que Béatrice s'approche. Malgré tout cela, il n'y a jamais un mot au-dessus de l'autre. On fait comme si.

Dans le conflit silencieux, l'hostilité est exprimée par le langage analogique, c'est-à-dire une attitude, un comportement. Le langage digital (ce qui est dit) ne véhicule quasiment rien de la nature de ce conflit ou est décalé par rapport au ressenti. C'est le cas de Mireille qui dit qu'il n'y a pas de problème alors que son comportement signifie le contraire.

Le conflit silencieux est le mode de conflit privilégié du profil passif-agressif ou des personnes qui ont peur des conflits ou renoncent à communiquer quand l'échange n'a pas abouti.

Dans le cas de l'agence commerciale, le désaccord entre la direction et les salariés devient un conflit silencieux qui se manifeste par le fait de ne pas agir.

Pour sortir d'un conflit silencieux, il faut impérativement rétablir la communication avec une parole en accord avec les émotions.

Utiliser la métacommunication

« Méta » signifie « au-dessus ». Cette technique est particulièrement utile dès le début d'une difficulté relationnelle, mais aussi après, quand la communication est difficile, ou qu'on n'arrive pas à sortir d'un mode de communication. Cela consiste à communiquer sur la façon dont on communique, ce qui permet de se situer à un autre niveau et de sortir de la répétition. Savoir métacommuniquer fait partie des clés d'une bonne relation.

Voici quelques exemples :

- Tout à l'heure, quand j'ai dit ça, je plaisantais…
- À chaque fois que je te dis quelque chose, tu m'opposes un argument, du coup, ça m'amène à en poser un autre… et on n'arrive pas à tomber d'accord…
- Quand tu rentres tard, je ne suis pas content… Du coup, je suis désagréable et toi tu te fermes comme une huître…

– Quand j'arrive dans le bureau de… tu t'en vas et j'ai l'impression qu'on n'arrive pas à échanger…
– Si j'ai été agressif avec toi hier, c'est parce que j'ai été blessé quand tu m'as dit…

Pour ma part, j'utilise beaucoup la métacommunication dès que je sens qu'un problème pourrait surgir. Qu'ai-je dit la dernière fois que je l'ai utilisée ? Voilà. C'était au cours d'une discussion, j'étais en désaccord sur la véracité d'un fait, en l'occurrence un trajet de train : « J'ai l'impression que, souvent, quand on discute ensemble, on n'arrive pas à être d'accord, tu me dis ceci, je te dis cela, et du coup j'ai l'impression que chacun veut toujours convaincre l'autre. » Le formuler aide à changer de mode de communication.

La métacommunication peut aider à rétablir une communication fonctionnelle dans le cas du conflit silencieux.

Gérer les émotions des autres

La technique de la « messe basse »

> Je me souviens que, lorsque j'étais collégien, un pion répétait tous azimuts : « Arrêtez de faire des messes basses ! » dans les rangs prêts à rentrer en classe. Si vous parlez à voix basse dans un groupe, une personne extérieure qui rejoint le groupe se mettra au diapason sonore pour se joindre à la conversation.

Cela m'a donné l'idée dans un ouvrage précédent d'appeler « technique de la messe basse » le langage analogique qui permet d'avoir un impact direct sur les autres.

Bien connu des thérapeutes qui pratiquent l'hypnose ericksonienne, cela correspond au fait d'abaisser le débit et le niveau sonore de sa propre voix pour agir sur celle des autres : on ajoute du langage analogique au langage digital. En effet, il ne servirait à rien d'être empathique, de dire « je comprends » en hurlant !

Quand quelqu'un vous agresse verbalement, parler très lentement, d'une voix faible, a souvent pour effet de provoquer chez l'autre un effet en miroir, un peu comme lorsqu'on fait une messe basse, l'autre nous répond sur le même ton. De plus, un niveau sonore lent et faible est rassurant pour l'autre. Une personne anxieuse parle fort et vite. Ce n'est pas évident à faire au début, car on peut se trouver soi-même ridicule et penser que l'autre va s'en apercevoir. Je vous invite à essayer, vous verrez que non. Au pire, l'autre vous dira : « Mais pourquoi parlez-vous si bas ? »

Ne pas attaquer l'estime de soi des autres

Ceci est fondamental dans une relation en général, et plus encore quand des difficultés surviennent. Une critique de l'image de l'autre est suffisante en elle-même, en dehors de tout désaccord, pour déclencher une escalade symétrique et initier un conflit. Elle équivaut à une attaque et peut entraîner des réponses très vives. On en vient d'ailleurs souvent à ce type d'arguments quand, dans une difficulté relationnelle, on veut gagner en blessant l'autre, en lui faisant mal, et qu'on pense apaiser ainsi notre propre colère. Si vous voulez non seulement avoir de bonnes relations avec les autres, mais ne pas initier ou aggraver un conflit, interdisez-vous toute attaque de l'image de l'autre. Même si la colère vous submerge, que vous ne maîtrisez plus rien, exprimez votre colère, mais en parlant du problème, du désaccord : « Je ne suis pas d'accord », « Ton attitude est inadmissible » (vous évoquez un comportement pas l'image de l'autre), « Je ne peux pas le supporter... »

À l'inverse, pour votre plus grand bien et celui de la relation en jeu, oubliez les formules du type « Tu ne sais pas », « Tu n'es pas capable de », « Tu es ceci ou cela... », toutes les expressions qui attaquent les capacités de l'autre.

Reformuler le vécu de l'autre

> Pendant mes études de médecine, un patient particulièrement agressif et agité avait agressé verbalement mon chef de service. L'espace d'un court instant, je me demandai avec une pointe d'inquiétude : « Mais comment le chef va-t-il s'en sortir ? » Sa réaction m'est toujours restée en mémoire. D'une voix calme, il avait simplement dit : « Je vois que vous êtes en colère. » Cette simple phrase avait déjà fait baisser d'un cran l'agressivité du patient. Le chef de service poursuivit : « Qu'est-ce qui vous met en colère comme ça ?... »

Face à une personne agressive ou en colère, il est important de mettre des mots sur les émotions de l'autre. On parle de reformulation car, en fait, on reformule en mode digital (avec les mots) ce que l'autre nous communique par langage analogique (avec l'intonation...), cela dans le but de justement éviter ce dont j'ai parlé plus haut : l'interprétation erronée du langage analogique. Par exemple, lorsqu'une personne vous dit : « Non, non, je n'ai pas été vexé par ce que tu m'as dit », mais que le ton de sa voix (langage analogique) vous fait penser le contraire.

On reformule de la façon suivante :
- J'ai l'impression que vous êtes en colère.
- J'ai l'impression que vous êtes blessé.
- J'ai l'impression que vous êtes touché par ce qui arrive.

On peut ici questionner l'autre sur ce qui a servi de déclic et sur sa perception de la situation :

– J'ai l'impression que vous êtes en colère… Qu'est-ce qui a déclenché cette colère ?…
– En constatant cela, vous avez pensé que…

La reformulation permet aussi de répondre sans donner suite à une attaque personnelle qui ne ferait qu'envenimer les choses.

Par exemple :

– D'abord, toi tu n'es qu'un…
– Je vois que tu es en colère…

Je vous propose de commencer, cette semaine par exemple, par un exercice assez simple : reformuler ce que vous percevez du vécu de l'autre (de ses émotions) à travers le langage analogique, mais pas seulement pour la colère.

– J'ai l'impression que ce dossier t'énerve.
– Je pense que la situation te rend anxieux.
– Ce déjeuner semble t'avoir rendue heureuse.
– Tu me donnes l'impression que cette nouvelle t'a rendu triste…

L'écoute est essentielle

Quand vous vous sentez écouté, vous percevez du respect et de la bienveillance chez l'autre. L'écoute est un processus actif qui correspond à une focalisation de l'attention sur l'autre : ses propos, ses émotions que traduisent ses expressions et attitudes.

Pour que votre interlocuteur comprenne que vous l'écoutez, vos attitudes (en langage analogique donc) vont contribuer à le lui signifier : regardez régulièrement la personne dans les yeux sans être insistant, ne coupez pas la parole (c'est-à-dire ne parlez pas tant qu'il n'y a pas eu plusieurs secondes de silence), donnez des signes de la tête pour approuver ou désapprouver. Une personne qui écoute reformule, de temps en temps, ce que l'autre dit. Cela permet de signifier à l'autre que vous avez compris ce qu'il veut vous dire. Écouter n'est pas entendre. Quand j'entends un bruit, si j'y prête attention, alors là je l'écoute. Écouter est bien un processus actif.

Accuser réception du message

Quand l'autre vous adresse un message précis, une demande, vous allez lui montrer que non seulement vous l'avez écouté, mais surtout que vous avez compris le contenu digital du message, c'est-à-dire l'information véhiculée par les mots. On reformule cette fois-ci le contenu digital du discours de l'autre :

- Si j'ai bien compris, tu es mécontent parce que…
- Tu es en train de me dire que ma critique t'a blessé, c'est cela ?
- Je vois, tu souhaites que je fasse ceci…
- En t'écoutant, je me dis que tu aimerais que je change…

L'empathie

L'empathie n'est pas une technique, c'est plutôt une ressource personnelle. On appelle empathie la capacité de s'identifier à l'autre, c'est-à-dire de se mettre à sa place. Pour reformuler le vécu de l'autre, il faut y avoir prêté attention.

Plus vous apprendrez à être à l'écoute de vos propres émotions, mieux vous comprendrez celles des autres.

L'empathie, c'est aussi la capacité à déchiffrer les signaux non verbaux : le ton de la voix, les mimiques, les attitudes…

L'empathie existe très tôt chez l'enfant et même chez le bébé. Notamment avant deux ans et demi, quand l'enfant n'a pas encore conscience que la douleur des autres est différente de la sienne.

Certaines personnes sont dénuées d'empathie. Beaucoup d'études retrouvent que les femmes manifestent en général plus d'empathie que les hommes ; elles semblent aussi plus aptes à déchiffrer les signaux psychologiques verbaux et non verbaux. C'est une capacité très variable d'un individu à l'autre, et aussi d'un contexte à l'autre chez la même personne.

C'est probablement l'attitude la plus difficile à adopter envers une personne agressive car on a tendance à vouloir répondre sur le même ton et à s'engager dans le conflit.

Ce qui est important ici, dans la gestion de l'émotion de l'autre, c'est qu'il ressente cette empathie. Votre empathie passe à travers votre attitude mais avant tout dans vos paroles :

– Je comprends que tu sois en colère.
– Je me mets à ta place, je ressentirais la même chose (n'hésitez pas à étayer : « Je me dirais que… Je penserais que… J'aimerais que… »), ou encore « J'ai déjà connu cette situation, je me souviens de ce que j'avais ressenti… »

Il ne s'agit pas de répéter de façon automatique « je comprends que tu aies ressenti… », « que tu penses cela… » Le but est de faire comprendre que l'on peut ressentir ce que l'autre ressent. Quand vous dites ces mots, essayez de laisser parler votre cœur, en gardant à l'esprit que votre but est de comprendre et d'apaiser l'autre. C'est une qualité relationnelle qui relève de ce qu'on appelle l'intelligence émotionnelle.

Accepter d'écouter l'opinion des autres

Ne vous laissez pas entraîner dans des pensées du type : « Il cherche la bagarre », « Je peux crier plus fort », « Pour qui se prend-il pour m'agresser ? » Accepter d'écouter l'opinion des autres vous aide à être flexible et à ne pas vous opposer.

Apprenez à accepter que les autres peuvent penser différemment et ne pas voir les événements comme vous. Pour montrer à votre interlocuteur que vous reconnaissez qu'il a une vision différente, vous pouvez lui dire : « Ton point de vue mérite d'être discuté », « Tes arguments méritent d'être écoutés », « Tu as peut-être raison, en tout cas, c'est intéressant de se pencher sur le sujet… » Il faudrait savoir adopter l'attitude du scientifique qui ne réfute pas une hypothèse sans l'observer et essayer de la comprendre. Cela met tout de suite fin à une discussion contradictoire qui pourrait mal tourner.

Et si vous aviez tort, sachez que vous ne perdrez pas l'estime de l'autre en le reconnaissant, bien au contraire, votre interlocuteur saura percevoir que vous faites preuve d'intelligence émotionnelle.

Impliquer la personne agressive dans la recherche de solutions

Dès qu'on sent que l'autre devient agressif ou qu'il l'est d'emblée dans la situation, on a tout intérêt à rester centré sur les faits précis sans se laisser entraîner dans une escalade symétrique. On essaie alors d'amener l'autre à participer à la résolution du problème. Des questions comme : « Comment verriez-vous les choses ? », « Quelle serait l'issue ? » ont le double avantage de montrer à l'autre qu'on s'intéresse à son opinion, et qu'on souhaite tenir compte de son point de vue pour résoudre le problème qui le met en colère.

On peut imaginer, pour gérer l'émotion de l'autre, la séquence idéale :

– Je vois que tu es en colère (en parlant lentement et en dessous du niveau sonore de l'autre), si j'ai bien compris, tu l'es parce que j'ai… ou que la situation est…
– Je peux comprendre que cela t'affecte…
– Qu'est-ce que tu verrais comme solution ?

Quand est-il quand même bon d'exprimer sa colère ?

Si l'agressivité n'a pu être complètement désamorcée par l'identification des pensées hostiles, exprimer sa colère est préférable. Cela ne signifie pas qu'elle s'accompagne obligatoirement d'un comportement agressif. Il ne faut donc pas confondre exprimer sa colère et la mettre en scène de façon agressive. Il s'agit de se faire comprendre de l'autre, de dire les choses de façon affirmée :

– Je suis en colère parce que…
– Ton attitude me met en colère.

Une règle importante pour les personnes qui ont du mal à gérer leur colère : savoir différer dans le temps sa réaction. De manière générale, on se sent dans l'obligation de réagir tout de suite. Quand on a tendance à se mettre en colère, il faut savoir se dire qu'il n'y a jamais d'urgence à répondre. On peut toujours se donner du temps pour réagir.

Quand on connaît les techniques d'affirmation de soi, on sait qu'on peut exprimer sa colère clairement sans blesser l'autre. Voici une définition qui montre bien la différence entre un comportement affirmé et un comportement agressif : « Une attitude affirmée et sûre de soi favorise l'égalité dans les relations humaines en nous permettant d'agir au mieux de nos intérêts, de nous défendre sans éprouver d'anxiété excessive, d'exprimer nos sentiments librement et sans détour, et d'exercer nos droits sans nier ceux des autres[1]. »

Pourquoi certaines personnes ont-elles du mal à s'affirmer sans avoir recours à l'agressivité ? Tout simplement parce qu'elles n'ont pas appris, et que l'agressivité est valorisée dans nos sociétés actuelles.

Dans une communication, il y a un émetteur (celui qui envoie le message) et un récepteur (celui qui reçoit le message). Voici un tableau[1] qui résume les différences de communication dans les trois types de comportements les plus rencontrés :

Comportement non affirmatif	**Comportement agressif**	**Comportement affirmatif**
Émetteur – S'oublie. – Est inhibé, blessé, angoissé. – Laisse les autres choisir. – N'atteint pas son objectif.	**Émetteur** – Se vent valorisé au détriment de l'autre. – S'exprime. – Choisit pour les autres. – Atteint son objectif en blessant les autres.	**Émetteur** – Se vent valorisé. – S'exprime. – Se sent bien dans sa peau. – Fait ses propres choix.
Récepteur – Est coupable ou fâché. – Dénigre l'émetteur. – Atteint son objectif au détriment de l'émetteur.	**Récepteur** – S'oublie. – Est blessé, sur la défensive, humilié. – N'atteint pas son objectif.	**Récepteur** – Se sent valorisé. – S'exprime. – Peut atteindre son objectif.

1. Alberti R.E., Emmons M.L., *S'affirmer*, Le Jour éditeur, 1992.

L'agressivité apparaît souvent dans une relation parce que la communication est médiocre : on ne sait pas exprimer clairement ce que l'on ressent, de façon affirmée. Cette déficience se traduit souvent par un décalage entre le langage analogique (non verbal, intonation de la voix) et le langage digital (verbal), par une différence entre ce que l'on pense et ce que l'on exprime. Ces situations sont fréquentes, en voici quelques exemples :

• Au travail, un collègue vous refuse un service. Vous êtes mécontent. Vous lui répondez de façon agressive : « Tant pis, ce n'est pas grave ! » Vous lui envoyez donc un message digital qui signifie que vous n'êtes pas affecté tout en envoyant un message analogique (intonation de la voix) qui signifie que vous êtes en colère. Une réponse affirmée ressemblerait plutôt à la formulation suivante : « Je comprends que tu ne puisses pas, mais cela m'ennuie beaucoup. »

• Un ami arrive en retard à un rendez-vous. Vous lui dites de façon agressive : « Maintenant, il faut que je remette de l'argent dans le parcmètre. » Une communication affirmée serait : « Je suis mécontent que tu sois en retard. »

Envoyer des messages positifs

Beaucoup moins chères qu'un SMS et rapportant beaucoup plus, les critiques positives créent un terrain favorable à la résolution des conflits quand ils surviennent. Aussi bien dans les relations professionnelles que dans les relations personnelles, une critique négative sera d'autant moins perçue comme une attaque qu'elle sera émise par une personne qui sait souligner le positif.

Cela suppose, quand tout va bien, de savoir dire :

– J'ai trouvé que vous avez vraiment bien géré ce dossier…
– On peut vraiment compter sur vous, vous avez fait preuve de clairvoyance…
– Je me dis souvent qu'il est agréable de t'avoir comme ami…
– Ce que je trouve bien avec toi, c'est qu'on peut discuter…
– J'apprécie ta franchise, c'est une vraie qualité…

Vous devez le penser vraiment, c'est-à-dire exprimer les critiques positives que vous ressentez dans votre cœur. Cette attitude consiste à souligner tout ce qui apparaît comme étant positif. Si vous avez remarqué que la distorsion cognitive, « disqualification du positif », est fréquente dans vos pensées, vous aurez des difficultés à repérer ce qui est positif.

Le fait de faire régulièrement des critiques positives vous autorise ensuite à émettre une critique négative sans que l'autre se sente abaissé ou attaqué ; parce que vous avez par ailleurs renforcé régulièrement son image par des messages positifs.

Même quand un conflit surgit, rien n'empêche d'émettre des critiques positives, ce qui a l'avantage de s'éviter à soi-même de tomber dans des distorsions cognitives. Commencer une critique par ce qui va bien facilite la démarche :

– J'aime beaucoup cela chez toi, c'est vrai, c'est un plaisir de travailler avec toi, mais là, je trouve que tu charries…
– Vous faites très bien cela. Il reste ce point à améliorer…
– Je trouve très agréable d'être ton ami, cependant je voulais te dire que l'autre jour…
– Je sais que tu es ouvert, donc j'aimerais aborder ce sujet avec toi…

Apprendre à accepter une critique

C'est si simple qu'on se demande pourquoi on n'y a pas pensé avant.

Quand on reçoit une critique, il s'ensuit presque toujours une souffrance puis de la colère. Cela s'explique par le fait qu'une critique est perçue comme une attaque de l'estime de soi, d'autant plus lorsqu'on est perfectionniste et que notre estime de soi est fragile. L'erreur que l'on commet est de ne pas chercher à en savoir plus et de ne pas utiliser cette modalité relationnelle pour s'améliorer.

Je pratique souvent cet exercice en jeu de rôle avec mes patients : ils sont désarçonnés au début, mais deviennent, avec l'entraînement, des receveurs de critiques redoutables, ce qui transforme un moment désagréable en une application ludique. Je vous invite à vous entraîner avec une personne qui vous est proche. Augmentez le niveau de difficulté, par exemple en commençant par une critique nette, jusqu'à des critiques de plus en plus floues

D'abord, écouter la critique

C'est probablement l'exercice le plus difficile, car c'est à ce moment que se met en route la perception d'une attaque de l'estime de soi : ce qui nous empêche de tenir compte du contenu implicite de la critique.

Pourquoi aimons-nous si peu la critique ? Peut-être que nous confondons à ce moment l'image que les autres ont de nous et le point qui est critiqué. Cela nous ramène sans doute à la quête de reconnaissance et donc d'amour que nous recherchions auprès de nos parents. Plus on est à la recherche de la reconnaissance des autres, moins la critique est acceptée. Pourtant une critique même fondée ne saurait remettre en cause notre image ; au contraire, nous gagnons à montrer à notre interlocuteur qu'il peut échanger avec nous.

Pour répondre à une critique, focalisez toute votre attention sur le contenu du message, c'est-à-dire tentez de déterminer si celui-ci est clair (la critique est-elle fondée ou infondée) ou flou (la critique est vague). Pour mieux accepter la critique et lui donner une suite positive, l'exploration de la logique de l'autre est fondamentale : en adoptant le point de vue d'où l'interlocuteur voit les choses, vous pourrez comprendre son raisonnement. S'il apparaît faux, vous serez mieux à même de l'aider à le rectifier de l'endroit où il se tient. Dans tous les cas, il convient de ne pas contre-attaquer par une critique.

Mener l'enquête

A priori, quand vous recevez une critique, vous ne pouvez être certain qu'elle est vraie ou fausse. De plus, elle peut être fondée par rapport à un événement donné, mais ne pas refléter votre personnalité tout entière. C'est pour cela que vous mènerez votre petite enquête. Montrez de l'intérêt pour l'opinion de l'autre. Questionnez… Pourquoi l'autre pense cela ? Quels sont les faits ?

Quand la critique est vraie

Si vous avez compris qu'une critique vraie ne provoque aucun effondrement de votre image devant les autres, vous pourrez aisément faire face. Le plus difficile est de l'accepter surtout si vous pensez que vous devez être parfait et que vous n'avez pas le droit de faire des erreurs !

Pensez vous-même à une personne que vous aimez et à un de ses comportements que vous estimez critiquable :

est-ce que cela remet en cause ce que vous ressentez pour cette personne ?

Savoir accepter une critique

Quand, après avoir mené l'enquête, la critique vous semble vraie :

1. Écouter attentivement.
2. Reconnaître que votre interlocuteur a raison en dissociant votre comportement critiqué d'un jugement négatif de la totalité de votre personne. Ne pas minimiser ou ridiculiser ce qu'il a dit.
3. Empathie : « Je comprends que tu… » (ce que l'autre ressent, les conséquences émotionnelles et matérielles pour lui).
4. Expliquer ce qui vous fait agir ainsi.
5. Proposition de changement (« J'essayerai de… ») ou de non-changement (« Je peux difficilement faire autrement… »). Vous avez le droit de ne pas vouloir modifier votre comportement.

Voici deux exemples :

• Votre collaborateur vous interpelle.

VOTRE COLLABORATEUR — *J'en ai marre, à chaque fois que tu utilises l'ordinateur, tu oublies de l'éteindre…* (critique vraie).

VOUS — *Tu as raison, je ne fais pas toujours attention* (accord). *Je comprends que cela t'énerve* (empathie). *J'essaierais autant que possible d'être vigilant* (proposition de changement).

• Votre amie vous reproche d'être ailleurs pendant que vous dînez avec elle.

ELLE — *Tu as l'air ravi de dîner avec moi…*

LUI (affirmé) — *Tu as raison je ne suis pas très attentif* (accord).
ELLE — *C'est le moins qu'on puisse dire !*
LUI — *Je comprends que ça puisse t'agacer* (empathie). *Tu sais que j'ai beaucoup de soucis au boulot* (explication) *et il me semble difficile de ne pas y penser en ce moment* (non-changement), *mais cela n'a rien à voir avec le plaisir d'être avec toi* (recadrage du problème).

Quand la critique est fausse

D'emblée, on préfère penser qu'une critique est fausse.

Si on a correctement mené l'enquête et compris ce que l'autre veut nous dire, on peut ne pas adhérer à son point de vue. Dans ce cas, on estime que le reproche n'est pas fondé.

Face à une critique complètement fausse, la première chose à faire est de nier en utilisant la technique du « disque rayé » si besoin. La technique du « disque rayé » consiste à répéter une opinion, une demande, avec des formulations différentes mais en persistant dans la direction choisie.

Se défendre face à une critique non fondée

On peut suivre la procédure suivante :

1. Écouter attentivement.
2. Nier avec la technique du « disque rayé » si besoin.
3. Procéder à l'enquête négative.
4. Persister dans la négation.

Revenons sur l'exemple de la critique de l'ordinateur resté allumé.

VOTRE COLLABORATEUR — *J'en ai marre, à chaque fois que tu utilises l'ordinateur, tu oublies de l'éteindre* (critique vraie).

VOUS — *Non, je prête attention à toujours contrôler qu'il est éteint.*
VOTRE COLLABORATEUR — *Ça ne peut être que toi !*
VOUS — *Désolé, mais je veille toujours à bien l'éteindre* (disque rayé).
VOTRE COLLABORATEUR — *L'ordinateur ne s'allume quand même pas tout seul !*
VOUS — *C'est un fait mais je ne suis pas responsable* (disque rayé).

L'enquête négative consiste à demander si vous avez fait autre chose de déplaisant en recherchant tous les défauts que vous pourriez avoir selon votre interlocuteur, et en demandant des précisions.

Reprenons le dialogue :
VOTRE COLLABORATEUR — *Enfin, l'ordinateur ne s'allume quand même pas tout seul.*
VOUS — *C'est un fait mais ce n'est pas moi* (disque rayé).
VOTRE COLLABORATEUR — *C'est évident que c'est toi. Qui veux-tu que ce soit ?*
VOUS — *Bon écoute, as-tu autre chose à me reprocher ?* (enquête négative).
VOTRE COLLABORATEUR — *Non.*
VOUS — *En tout cas, en ce qui concerne l'ordinateur, je continuerai à faire attention* (disque rayé).

Quand la critique est vague

La critique vague fait souvent partie des manifestations en douce de l'agressivité. Elle est parfois la partie émergée de l'iceberg qui accompagne la médisance (la médisance étant la partie qu'on n'aperçoit pas). La critique vague ne repose sur aucun fait concret et n'a pour but que de vous attaquer. Ce sont les critiques adressées « en douce » dans une conversation comme : « De toute façon, toi… »

Répondre à une critique vague

Répondre à une critique vague sans agressivité est finalement assez simple quand on connaît la technique :
1. Écouter attentivement.
2. Accuser réception de la critique et reformuler : « Si je t'ai bien compris, tu trouves que… »
3. Demander des précisions :
– La critique est vraie (voir précédemment).
– La critique est fausse (voir précédemment).
4. Technique du « disque rayé », du « brouillard », de « l'édredon » si la critique reste floue.

Nous avons déjà donné des exemples de la technique du disque rayé. Le « brouillard » est une autre technique qui consiste à être d'accord avec la critique tout en restant vague avec le caractère de cette critique et son bien-fondé. Ainsi vous n'offrez pas de prise à l'agressivité et à la critique de l'autre. Ces techniques sont très utiles quand on a affaire à des manipulateurs qui veulent vous faire culpabiliser.

Imaginons un patron qui émet une critique vague (vous n'êtes pas clairement désigné) :

VOTRE PATRON — *Écoutez, j'en ai marre, c'est le vrai foutoir ici, on ne retrouve aucun dossier !…*

VOUS — *Si j'ai bien compris, vous trouvez que c'est mal rangé ?* (reformulation).

VOTRE PATRON — *Regardez ! C'est le vrai foutoir ici !* (la critique reste vague).

VOUS — *C'est bien possible* (brouillard).

VOTRE PATRON — *Personne ne range rien ici !*

VOUS — *C'est vrai que certaines personnes trouvent qu'il est difficile de trouver un dossier* (brouillard).

VOTRE PATRON — *Vous voulez dire qu'on ne retrouve rien !*

VOUS — *C'est vrai. L'autre jour, je n'ai pas retrouvé le dossier Dupont* (brouillard).

VOTRE PATRON — *Vous avez intérêt à me ranger tout ça.*

VOUS — *Ça ne serait pas plus mal que ces dossiers soient mieux rangés* (brouillard).

La technique de l'édredon consiste à répondre « c'est exact » quand il s'agit d'un fait indéniable, et répondre « c'est possible » quand il s'agit d'une opinion.

Un collègue coutumier du fait critique votre exposé :

VOTRE COLLÈGUE — *Dis donc, c'était d'un chiant ton exposé !*

VOUS — *Tu n'as pas trouvé cela intéressant ?*

VOTRE COLLÈGUE — *C'était du réchauffé !*

VOUS — *C'est possible* (édredon : c'est une opinion).

VOTRE COLLÈGUE — *Tu avais déjà évoqué ce sujet lors de la réunion précédente.*

VOUS — *C'est exact, mais c'était bien de le rappeler* (édredon : c'est un fait).

VOTRE COLLÈGUE — *En tout cas, moi j'ai trouvé ça chiant.*

VOUS — *C'est possible, mais c'est ton opinion* (édredon : c'est une opinion).

Si votre interlocuteur vous fait une critique vague sur le mode : « De toute façon, toi… », réagissez de même.

Dans une conversation :

VOTRE INTERLOCUTEUR — *De toute façon, toi, on ne peut jamais rien te demander.*

VOUS — *Si j'ai bien compris, tu penses qu'on ne peut pas compter sur moi ?* (reformulation).
VOTRE INTERLOCUTEUR — *C'est ça, on ne peut rien te demander.*
VOUS — *Est-ce que tu peux me donner un exemple précis où tu n'as pas pu compter sur moi ?* (demande de précisions).

Si l'exemple donné est vrai, vous répondez à une critique vraie. S'il est faux, vous répondez à une critique fausse. Si la critique reste floue, vous utilisez la technique du « brouillard » ou de l'« édredon ».

Toutes ces techniques vous permettront d'éviter une escalade symétrique (voir page 155) Vous verrez qu'elles s'avèrent très utiles.

Face aux critiqueurs chroniques

Face aux critiqueurs chroniques, on risque, au bout d'un certain temps, d'avoir envie de répondre de façon agressive. Inutile de se lancer dans l'échange si on pense que l'intention n'est pas constructive et que les critiques sont faites pour blesser ou entretenir une difficulté relationnelle.

C'était le cas d'Aurélie dont la sœur critique systématiquement tout ce qu'elle fait. Aurélie, depuis des années, répond à sa sœur en prenant le contre-pied de ses critiques, ce qui se termine évidemment toujours par des disputes.

Aurélie et moi avons travaillé en jeux de rôle d'autres modalités de réponse.
SA SŒUR — *Tu es trop laxiste avec tes enfants.*
AURÉLIE — *C'est possible, mais j'essaie de m'améliorer, ce n'est jamais facile quand on a trois enfants...*

Avec les critiqueurs chroniques, il faut en effet utiliser ce type de formulations :

– J'essaye de m'améliorer…
– C'est possible…
– C'est ton opinion mais je ne la partage pas…
– J'espère que non…

Je ne résiste pas au plaisir de citer un dialogue d'Aaron T. Beck qui illustre bien, dans son ouvrage *Prisonniers de la haine*, l'attitude à adopter devant les critiqueurs dont le but n'est que l'attaque. Au cours d'une séance de signatures pour un de ses ouvrages, un homme qu'il appelle Rob, s'approche de lui dans une attitude d'affrontement :

ROB — *Félicitations ! Vous avez certainement conquis beaucoup de monde* (ton sarcastique).
AARON T. BECK — *Merci. Je suis heureux d'être avec mes amis.*
ROB — *Je suppose que vous êtes aussi heureux d'être le centre de l'attention.*
AARON T. BECK — *Eh bien, cela aide à vendre le livre.*
ROB — *J'imagine que vous pensez être meilleur que moi* (ton coléreux).
AARON T. BECK — *Non, je suis juste différent.*
ROB — *Vous savez ce que je pense de vous ? Vous n'êtes qu'un imposteur.*
AARON T. BECK — *J'espère que non.*

Comme vous le voyez, dans cet exemple, l'auteur ne donne aucune prise à une éventuelle escalade symétrique.

Apprendre à formuler une critique

Ce qui est valable pour soi est valable pour les autres. Il se pourrait que les autres acceptent mal les critiques. Et c'est probablement la crainte que l'autre se sente attaqué, et ainsi d'initier un conflit, qui nous angoisse à l'idée de devoir faire une critique. La peur du conflit qui pourrait survenir fait que parfois on n'ose pas formuler sa pensée. Pourtant faire une critique sans attaquer l'autre n'est pas si difficile. Quand on sait le faire, on n'éprouve aucune crainte.

Apprendre à formuler une critique

1. Exposer le fait précis : « Quand tu fais ceci, dis cela… »
2. Exposer les conséquences sur soi émotionnelles et/ou matérielles : « Cela me met en colère, me touche… et je perds du temps ou je suis moins disponible… »
3. Rechercher des solutions en impliquant l'autre : « Qu'est-ce qu'on pourrait faire pour que ça change ? », ou « Comment vois-tu les choses ? »

Il y a quelques années, un de mes patients devait bénéficier d'une anesthésie pour une intervention. J'appris, par les infirmières qui accompagnaient le patient, que le médecin anesthésiste avait vivement critiqué le traitement pharmacologique que j'avais prescrit, et ce devant le patient et les infirmières. Ce type d'incident n'était pas le premier. Je ressentis la colère monter en moi. J'avais envie de saisir le téléphone pour demander une explication. Je décidai de ne pas réagir tout de suite : il n'y avait pas urgence.

Mes cognitions étaient les suivantes :

– Ce confrère cherche la bagarre.

– Il le fait exprès pour déclencher le conflit.
– Il n'a pas à agir de la sorte.
– Il va voir de quel bois je me chauffe !

Après réflexion toutefois, mes pensées évoluèrent :

Comment pouvais-je être sûr que le confrère cherchait la bagarre ? N'y avait-il pas d'autre explication ? Peut-être était-il stressé et sa critique pouvait s'expliquer par la surcharge de travail ? Quels avantages aurait-il à rechercher le conflit ?

Alors que faire ?

Il est important, me dis-je, que la relation ne tourne pas au conflit puisque, de toute façon, je dois travailler avec ce confrère. J'irai le voir la semaine prochaine.

Je me suis rendu à la consultation d'anesthésiologie la semaine suivante. L'apercevant entre deux patients, je lui ai proposé que l'on se voie pour évoquer un problème :

MOI — *Je voulais te voir pour le problème suivant, quand tu critiques mon traitement devant le patient et les infirmières* (fait précis), *cela me met mal à l'aise vis-à-vis d'eux et j'ai besoin de leur confiance* (conséquences pour moi).

MON CONFRÈRE — (un peu surpris) *Tu vois, je suis un peu débordé et quand je ne comprends pas un traitement, je perds du temps.*

MOI — *Écoute, je comprends que tu sois débordé et que si un traitement te semble inadapté, ça t'énerve. Comment pourrait-on faire pour que ça n'arrive plus ?* (recherche de solution).

MON CONFRÈRE — *Que les bons de consultation soient bien remplis.*

MOI — *Écoute, ça marche. Je remplis le bon avec plus de détails et, de ton côté, je te propose de ne plus émettre de*

critique devant le patient mais de m'appeler directement pour que je puisse t'éclairer.
MON CONFRÈRE — *OK.*
MOI — *Merci d'avoir pris du temps pour résoudre ce problème* (message positif).

Mes rapports avec ce collègue sont par la suite restés cordiaux. Ce qui m'étonne toujours dans ce type d'expérience, et je ne doute pas que vous vous en apercevrez, c'est la surprise de la personne à qui on émet une critique non violente. Dans cet exemple, c'était d'autant plus surprenant que j'ai utilisé la technique de « savoir faire une critique » avec une personne qui m'avait critiqué.

Dans les relations au long terme, il est important de savoir aussi faire des critiques positives : savoir dire à un collaborateur qu'on a apprécié la façon dont il a traité un dossier, dire à sa secrétaire qu'on a été bluffé par sa façon de régler un problème en urgence, qu'on a aimé comment un conjoint ou un ami nous a soutenu... On trouve toujours des critiques positives à faire !

Par expérience, au sein d'une relation professionnelle ou intime, il est beaucoup plus facile d'émettre une critique négative envers une personne que l'on a déjà critiquée positivement. La critique négative sera d'autant mieux perçue que l'autre se sera déjà senti encouragé par nous et renforcé dans son estime de soi.

Apprendre à dire non

En sortant du restaurant, Anne, l'amie de Claire, lui demande si elle veut bien la ramener chez elle. Alors que Claire est déjà très en retard pour un rendez-vous, elle n'ose pas dire non. Elle accepte en faisant la moue et de façon peu enthousiaste. Dans un premier temps, son amie ne prête pas attention au changement de mine de Claire. Le long du trajet, Claire regrette d'avoir dit oui et se sent angoissée à l'idée d'être en retard à son rendez-vous. Comme elle reste silencieuse, son amie lui dit qu'elle n'a pas l'air dans ton assiette, « Si, ça va », lui répond Claire. Après qu'elle a déposé Anne, Claire, en regardant sa montre, mesure l'importance de son retard. « C'est toujours comme ça, j'aurais mieux fait de dire non », se dit-elle.

Qu'auriez-vous fait ? Beaucoup de personnes ont des difficultés à dire « non ». « Je n'ai pas voulu de complications, alors j'ai dit oui. » Dans la majorité des cas, on s'imagine qu'un conflit pourrait survenir, ou bien on craint que les autres ne se fassent une mauvaise opinion de nous, d'altérer ou de perdre une relation.

En fonction de la relation en jeu, la difficulté à dire « non » est plus ou moins grande. Dans une relation à court terme (vendeur, passant...), cela semble plus facile que dans une relation à long terme (patron, amis, famille). Si l'autre a une position hiérarchique, ou bien si vous êtes dépendant de cette personne d'un point de vue matériel, affectif, il apparaît encore plus difficile de dire « non ».

Quand une personne aimerait dire « non », plusieurs comportements sont possibles :

• *Le « non » inhibé*. La personne dit « oui » alors qu'elle pense « non ».

Pris dans la peur de déplaire et, au-delà, de perdre la relation, la personne inhibée ne peut exprimer clairement son refus. Le langage digital (le mot « oui ») signifiera « oui » alors que le langage analogique (non verbal) signifiera « non » : visage fermé, intonation de la voix sans enthousiasme, évitement de la situation... Comme dans le cas de

Claire, dont le changement d'attitude traduit que la réponse qu'elle a donnée n'est pas en accord avec ce qu'elle pensait.

• *Le « non » agressif.* La personne dit « non » de façon agressive. Elle n'a pas peur du conflit, mais manque d'assurance et n'est pas sûre de tenir sa position. Elle pare avec agressivité à toute pression culpabilisante qui pourrait l'amener à changer d'avis.

Voici l'exemple de Pascal :

Pascal téléphone à son collaborateur Julien pour lui demander de s'occuper d'un dossier. Au cours de la conversation, il fait sa demande :

PASCAL — *Il faudrait que tu t'occupes de ce dossier pour lundi.*

JULIEN (agressif) — *Pas question. Y'en a marre ! Vous prévenez toujours à la dernière minute !*

PASCAL — *Allez, tu peux bien trouver un moment pour t'en occuper.*

JULIEN (agressif) — *Tu me prends pour qui ? Je ne suis pas à ta disposition. Pas question. Écoute, je suis débordé, je n'ai pas le temps de poursuivre cette conversation.* (Julien raccroche subitement.)

• *Le « non » affirmé.* La personne pense « non » et le dit sans agressivité.

Vous avez parfaitement le droit de dire « non », d'affirmer vos sentiments et votre point de vue. Vous pouvez entendre la demande des autres et choisir librement d'y répondre négativement ou positivement. Bien sûr, si une personne à qui vous avez dit « non » cesse toute relation avec vous, vous risquez de penser de nouveau que nous ne pouvez dire « non » librement. Mais une relation où l'autre ne reconnaît pas votre point de vue est-elle une relation de qualité ? On n'endommage pas une relation construite juste parce que l'on dit « non ».

Comment dire « non »

1. Dire « non ». (« Je ne suis pas d'accord », « Je ne le souhaite pas », « Cela ne me convient pas »...)
2. Persister (disque rayé).
3. Ne pas s'excuser.
4. Suggérer des alternatives. (« Peut-être pourrais-tu... »)

Si vous avez des difficultés à dire ce « non », et surtout si l'autre tente de vous faire céder, vous pouvez utiliser la « technique d'affirmation progressive » qui consiste à dire « non » en étant compréhensif, mais de plus en plus fermement si l'autre ne comprend pas.

Imaginons le dialogue qu'aurait pu avoir Claire avec son amie Anne qui souhaite être reconduite chez elle.

ANNE — *Ce serait sympa que tu puisses me ramener chez moi.*

CLAIRE — *Cela m'aurait fait plaisir, mais c'est absolument impossible.*

ANNE — *Allez, c'est pas très loin !*

CLAIRE — *Non, je t'assure, ça n'est pas possible* (disque rayé).

ANNE — *Bon, je suis déçue, on aurait pu continuer à bavarder.*

CLAIRE — *Je comprends que tu sois déçue* (empathie), *mais je t'assure que c'est impossible* (disque rayé). *Peut-être pourrais-tu appeler ton ami pour qu'il vienne te chercher ?* (suggestion d'une alternative).

Savoir faire une demande

Comment faire une demande

Savoir faire une demande n'est pas toujours facile. Quand on n'est pas sûr de soi, on peut, en s'y prenant mal, en attaquant l'autre volontairement ou involontairement, déclencher un conflit. Si vous tombez sur une personne bornée ou agressive, vous n'obtiendrez peut-être pas satisfaction, mais vous pourrez vous dire qu'une demande agressive n'aurait sans doute pas abouti non plus à autre chose qu'à vous énerver et à passer une mauvaise journée. Les principes sont les suivants.

Comment faire une demande

1. Déterminez votre objectif (changer un appareil ménager, demander un congé à votre patron…).
2. Exprimer la demande avec clarté.
3. Persister dans la voie de la demande (technique du disque rayé).
4. Expliquer les conséquences sur soi.
5. Empathie.
6. Recherche de solutions, de compromis, message positif…

Voici l'exemple de Richard qui oublie toujours de prévenir sa femme quand il est retenu au bureau.

Catherine a décidé de demander à Richard de prendre l'habitude de la prévenir (objectif) :

CATHERINE — *J'aimerais que tu me préviennes quand tu es retenu au travail* (demande claire).

RICHARD — *Quoi ! tu ne vas pas m'en faire un plat, je n'ai qu'une heure de retard.*

CATHERINE — *J'entends ce que tu me dis, mais je te demande de me prévenir* (disque rayé).

RICHARD — *Oh la la, tu es de mauvaise humeur, toi, aujourd'hui.*

CATHERINE — *Je ne suis pas de mauvaise humeur, je te demande de prendre la peine de m'avertir* (disque rayé).

RICHARD — *Enfin ! Ce n'est quand même pas une catastrophe !*

CATHERINE — *Ce n'est pas une catastrophe, mais quand je ne suis pas au courant, cela m'énerve de ne pas savoir comment m'organiser* (conséquences émotionnelles). *C'est pour cela que j'aimerais que tu me préviennes* (disque rayé).

RICHARD — *Tu sais bien que je suis débordé et que je ne vois pas le temps passer.*

CATHERINE — *Je comprends que tu aies beaucoup de travail* (empathie, reformulation), *mais tu ne préviens pas quand tu es retenu* (redéfinition du problème), *ce qui fait qu'on ne peut jamais faire ce qu'on a prévu* (conséquences matérielles). *J'aimerais donc que tu prennes quelques minutes pour m'avertir* (disque rayé).

RICHARD — *Écoute, ce que je peux faire, c'est effectivement prendre quelques minutes pour t'appeler* (offre de compromis).

CATHERINE — *Je vois que tu es prêt à faire un effort* (message positif). *C'est vrai que ce serait bien que tu prennes le temps de m'appeler* (acceptation de la solution proposée).

Face aux personnes qui répondent toujours « non »

Il existe une catégorie de personnes qui ne sont pas coopératives, en permanence en opposition, elles se lancent facilement dans des discussions contradictoires qui aboutissent bien souvent à la dispute tant elles sont rigides.

Comme ces personnes disent non de façon automatique, si on utilise la voie classique, la probabilité d'obtenir une réponse négative est très élevée.

Vous pouvez dans ces cas utiliser les demandes dites « paradoxales ». Cela consiste à demander l'inverse de ce que vous souhaitez. Les suggestions paradoxales sont connues depuis des années par les psychothérapeutes comme moyen de prescription. Par exemple, à un patient insomniaque, on demande de se coucher avec interdiction de dormir avant une heure. Bien souvent, le patient ne tient pas et finit par s'endormir avant l'heure écoulée.

La personnalité qui s'oppose en permanence a parfaitement été évoquée par l'humoriste Raymond Devos dans un sketch où le narrateur parle du comportement d'opposition de sa femme quand il va faire des emplettes avec elle. Lorsque, hésitant entre deux cravates, l'une bleue, l'autre marron, il souhaite la bleue, sa femme lui dit : « Pourquoi ne prendrais-tu pas la marron ? » S'il avait mentionné la marron, elle lui aurait dit : « Pourquoi ne prendrais-tu pas la bleue ? » Du coup, maintenant s'il souhaite la bleue, il lui dit directement qu'il souhaite prendre la marron et elle, de lui répondre : « Pourquoi ne prendrais-tu pas la bleue ? » Et ainsi, il obtient ce qu'il souhaite.

Sur ce principe, quand vous faites une demande paradoxale à une personne opposante, essayez l'inverse de ce que vous souhaitez sans être directif. Si vous souhaitez qu'une personne opposante soit présente à la réunion, dites-lui : « Je pense que c'est mieux que tu ne viennes pas à la réunion, cela ne t'intéressera probablement pas » ou « Tu ne voudras probablement pas venir à la réunion ». Si vous souhaitez qu'elle s'occupe d'un dossier, dites : « Tu n'auras probablement pas le temps de t'occuper de ce dossier » ou « Je pense que c'est mieux que tu ne t'occupes pas de ce dossier, il risque de ne pas t'intéresser ». Si vous souhaitez qu'elle vous accompagne au restaurant, dites : « Tu ne voudras probablement pas nous accompagner au restaurant » ou « J'ai pensé que, peut-être, tu préfères ne pas venir au restaurant ». Au lieu de dire l'heure à laquelle vous souhaitez la retrouver, dites : « Vingt heures, c'est probablement trop tard pour toi ? »

Éviter les discussions contradictoires

> Au cours d'une soirée entre amis, Karine s'est fâchée avec l'un des invités en parlant de cinéma. « Pourtant je n'étais pas sûre de ma réponse. C'était plus fort que moi, j'ai senti l'agressivité qui montait, j'avais besoin d'avoir raison », raconte Karine.

La discussion contradictoire consiste à avancer un contre-argument à chaque argument de l'autre. La succession des arguments entraîne une escalade symétrique qui risque de conduire à l'agressivité.

L'exemple typique de discussion contradictoire est la discussion entre deux personnes d'orientation politique différente. On sait que ce genre discussion peut fâcher tout le monde et plomber une soirée. Tout se passe comme si chaque protagoniste craignait l'effondrement de son image si tout à coup il s'apercevait de son erreur. Plus il y a d'investissement de soi, plus l'émotion « qui pousse » à préserver sa position semble vitale. Par réflexe, nous l'avons tous observé, si quelqu'un a une opinion différente de la nôtre, nous avons tendance à nous opposer. C'est comme si l'édifice de notre estime de nous-même reposait sur une opinion ne pouvant être remise en cause. C'est le cas typique des discussions politiques.

CLAUDE — *Moi je trouve qu'à droite, c'est tous des magouilleurs !*
HENRY — *Tu crois qu'à gauche c'est mieux. Et machin alors, la main dans le sac, on l'a pris !*
CLAUDE — *C'est pas mieux que Trucmuch, soit dit en passant !*
HENRY — *T'es d'une mauvaise fois totale...*

Prêtez attention à vos prochaines conversations. Vous verrez qu'on a facilement tendance à partir dans des discussions contradictoires. C'est difficile de ne pas chercher à contrer l'autre, alors entraînez-vous !

Comprendre la logique de l'autre

Et si nous nous demandions pourquoi les désaccords existent ? Tout simplement parce que nous ne voyons pas les choses du même point de vue.

Tout se passe comme si nous observions le même objet en étant placés à des angles différents ; ainsi nous avons une perspective différente de l'autre et *vice versa*. Ce que nous décrivons n'est pas faux et ce que l'autre décrit n'est pas faux non plus, mais nous ne pourrons le voir que si nous nous déplaçons à l'endroit d'où l'autre observe l'objet.

C'est pourquoi, pour faire évoluer l'autre, il est avant tout nécessaire de se rendre à l'endroit d'où il observe, de se mettre à sa place, de comprendre comment il voit la situation. Parfois, le seul fait d'explorer la logique de son raisonnement fait que l'autre personne évolue dans sa représentation de la situation ou nous fait évoluer.

Imaginons un autre déroulement de la conversation entre Claude et Henry. Voyez comment Henry s'y prend pour explorer la logique de Claude. Au lieu de s'opposer, il questionne l'opinion de Claude, le cheminement de pensée qui l'amène à sa conclusion.

CLAUDE — *Moi je trouve qu'à droite, c'est tous des magouilleurs !*
HENRY — *Tiens donc, qu'est-ce qui te fait penser ça ?*
CLAUDE — *Trucmuch qu'on a vu dans les journaux cette semaine !*
HENRY — *C'est vrai, j'ai vu l'article passer et je dois dire que c'était intéressant. Comment peux-tu déduire qu'ils sont tous des magouilleurs ?*
CLAUDE — *C'est évident, c'est clair dans l'article...*
HENRY — *Tu as peut-être raison, en tout cas ton point de vue mérite qu'on voie la suite...*

La médisance, tu éviteras !

Médire est une forme d'agressivité, en l'absence de l'autre. Cela peut reposer sur des faits précis, ou pas. Les distorsions cognitives s'expriment alors librement, au premier rang desquelles l'étiquetage. Quand une personne découvre que l'on a parlé « en mal » d'elle, les conséquences peuvent être catastrophiques.

Le seul fait d'être récepteur d'une médisance peut être identifié comme une approbation et suffire à vous impliquer dans un conflit. Être impliqué peut donc en soi être vécu comme une agression.

Pour illustrer cet aspect, j'aimerais citer un exemple très intéressant. Une de mes patientes ne savait pas dire à un de ses collègues très agressif verbalement sur le compte d'un troisième collègue qu'elle ne souhaitait plus qu'il ait de tels propos. Elle craignait qu'il ne le prenne mal, se sente attaqué, et de se retrouver elle-même en conflit avec lui.

Nous avons réfléchi à la meilleure façon de gérer la situation et testé et évalué les différentes formulations possibles.

La technique d'affirmation de soi portant sur l'émission d'une critique : « Quand tu dis des propos médisant sur Y… ou quand tu parles sur Y, cela … » pouvait être mal perçue. Le fait de désigner l'acte de dire quelque chose de négatif sur une autre personne pouvait activer la culpabilité et un réflexe défensif. En l'essayant en jeux de rôle, c'est effectivement ce que nous avons ressenti l'un et l'autre.

La clé était finalement d'être complètement factuel : « Quand tu parles d'Y, je ne partage pas ton point de vue. Je trouve qu'il a des qualités… Je ne pense pas qu'on puisse vraiment faire avancer les choses en pointant ce qui ne va pas chez lui… Dans la mesure où l'on ne voit pas les choses de la même façon, j'apprécierai d'échanger avec toi mais sur ce sujet nous sommes en désaccord… »

Si cela se reproduit (disque rayé) : « Je te l'ai déjà dit… sur ce sujet nous sommes en désaccord. Parlons d'autre chose… »

Modifiez vos comportements

Que vous soyez initiateur ou victime de difficultés relationnelles, les comportements que vous adoptez peuvent déclencher ou aggraver les situations. À travers ce que l'on a pu vous dire ou en analysant des situations récentes, déterminez ce que vous souhaitez améliorer. Changer ses comportements est un travail de chaque instant. Cela demande de la rigueur, c'est un vrai travail sur soi.

Faites une liste des comportements que vous souhaiteriez améliorer ou changer et commencez par le plus simple pour vous. Pour la constituer, vous pouvez vous aider de votre profil (voir page 26).

Par exemple :
- Arrêter de s'emporter.
- Ne plus critiquer tout le temps.
- Envoyer des messages positifs.
- Écouter.
- Reformuler.
- Exprimer ses émotions….

Au besoin, chaque comportement à changer peut être décomposé en des tâches comportementales successives différentes. Choisissez pour commencer le contexte le plus simple, car rappelez-vous que plus il y a d'émotion, plus le changement est difficile. Ne vous fixez pas des tâches irréalisables, vous risqueriez d'être découragé.

Par exemple, améliorer l'écoute peut se décomposer en différentes étapes :
- Première semaine : vous laissez un blanc quand l'autre a fini de parler.
- Deuxième semaine : vous regardez régulièrement le visage de votre interlocuteur.
- Troisième semaine : vous reformulez régulièrement ce que vous dit l'autre : « Ah oui, tu penses ceci » ou « Tu as fait ceci… »

Autre exemple, vous souhaitez ne plus être inhibé face au conflit.

Chaque point peut être décomposé. En fait, il n'y a que vous qui puissiez déterminer les étapes :

- Première semaine : vous faites plusieurs critiques positives par jour.
- Deuxième semaine : vous faites une critique négative simple en respectant les règles dans un contexte où il y a peu d'affectif (s'il y a vraiment un problème bien sûr !).
- Troisième semaine : vous répondez à une critique en commençant par mener l'enquête…
- Quatrième semaine : ……………

Vous pouvez suivre la même démarche pour toutes les dimensions du comportement inhibé : dire non dans des situations de plus en plus difficiles. Donner votre opinion sur des sujets simples, puis dans un désaccord…

> Au cours d'une réunion, après avoir exposé un projet, Claude est pris à partie par une collègue qui critique la façon dont est piloté le projet. Il ressent alors une colère soudaine et répond de façon agressive, ce qui jette un froid dans l'assistance. Après cette réunion, Claude se sent coupable d'avoir « mal réagi » et a l'impression d'avoir perdu la face. Il trouve qu'il réagit toujours de la même façon.

CLAUDE — *Je n'aurais pas dû répondre du « tac au tac ».*
MOI — *Qu'est-ce qui vous a touché dans ce que cette personne vous a dit ?*
CLAUDE — *Le fait qu'elle m'attaque, puisque c'est moi qui pilote le projet…*
MOI — *Comment pouvez-vous être sûr que cette personne vous attaquait ?*
CLAUDE — *Le fait qu'elle critique le projet dont je suis responsable…*

MOI — *Vous pensez donc que le fait que cette personne critique le projet correspond à une attaque envers vous ?*
CLAUDE — *C'est cela...*
MOI — *Qu'est-ce qui vous a semblé grave dans tout cela ?*
CLAUDE — *Qu'elle me remette en cause devant tous les collègues...*
MOI — *Comment imaginez-vous le comportement d'une personne qui aurait « bien réagi » ?*
CLAUDE — *Cette personne aurait attendu pour répondre ou ne serait pas emportée...*
MOI — *Si on imagine que vous mettiez une note à votre colère à chaque fois que vous la ressentez : de 0* (pas de colère du tout) *à 10* (le maximum que vous puissiez imaginer chez vous), *à combien estimez-vous la colère que vous ressentiez au moment de votre réponse ?*
CLAUDE — *6.*
MOI — *À quelle note pensez-vous réagir avec sang-froid ?*
CLAUDE — *2 ou 3.*
MOI — *Pourrions-nous convenir que la prochaine fois que vous vous sentez en colère, vous attendiez d'avoir rabaissé votre colère à une note de 2 pour vous engager dans une réponse ?*
CLAUDE — *D'accord...*

Si vous avez le même problème, vous pouvez vous-même établir des règles en fonction de ce que vous savez de vous.

Si vous évaluez votre colère sur une échelle de 0 (pas de colère) à 10 (le maximum que vous puissiez imaginer pour vous).

- À partir de quelle note estimez-vous, ne pas agir de façon réaliste ?
- À combien estimez-vous agir avec raison ?

Quand vous vous sentez en colère, engagez-vous dans un comportement de réponse quand votre taux est inférieur ou égal à ce que vous avez trouvé. Sinon faites autre chose : allez vous promener, écrivez… Pour faire baisser votre colère, vous pouvez utiliser toutes les techniques décrites précédemment.

CHAPITRE 5

Si la situation dérape : que faire ?

Même lorsqu'on a été vigilant, il arrive que les situations se dégradent, qu'une difficulté relationnelle se transforme en conflit « pur et dur », de notre fait ou à cause de l'attitude de l'autre. Un contexte relationnel difficile sur lequel intervient un « moment relationnel » suffit pour que le « torchon se mette à brûler ».

> Sylvie fait une réflexion légèrement ironique à un de ses amis alors que la relation est déjà un peu tendue entre eux. Celui-ci lui répond : « Toi, c'est pas mieux… » Elle décide de ne plus lui adresser la parole.

Rappelons que, pour être en conflit, il faut être deux ; l'escalade symétrique qui aboutit au « clash » n'est possible que si les deux surenchérissent. Ici, ne plus adresser la parole est une manœuvre d'escalade.

Si la situation dérape, il faut avant tout circonscrire l'incendie et éviter de « jeter de l'huile sur le feu ». Les règles énoncées dans les chapitres précédents sont toujours valables.

Pris dans l'émotion, il faut toujours garder à l'esprit la règle importante : ne pas attaquer l'image (estime de soi) de l'autre personne, même si celle-ci le fait.

Et pourquoi éviterais-je le conflit me direz-vous ? Essayez les deux possibilités, vous verrez !

Utilisez la parole pour ventiler vos émotions

Les spécialistes de la communication savent qu'on ne peut pas ne pas communiquer. Dans l'exemple précédent, ne plus adresser la parole a déjà valeur de communication. On gagne beaucoup de temps et d'énergie à formuler ce qui pose problème plutôt que d'emprunter des voies détournées, d'utiliser le canal non verbal pour exprimer son hostilité ou sa colère. Si l'émotion est trop forte et qu'on éprouve des difficultés à verbaliser ce qu'on ressent, on risque d'être maladroit. Tout en pensant à l'expression « il n'y a jamais d'urgence, mais seulement des gens pressés », on peut, dans un premier temps, écrire ce que l'on ressent afin de prendre du recul par rapport à l'émotion et la situation.

Si on pense pouvoir réagir dans l'instant, il s'agit de dire ce que l'on ressent : « Ce que tu me dis me met en colère… », « Ce que tu m'as dit m'a blessé… »

Il en va de même pour les émotions de l'autre. Si on perçoit dans son langage non verbal des émotions négatives, il peut être utile de verbaliser son vécu ou de l'aider à le faire : « J'ai l'impression que tu es en colère… », « Je te sens agressif », « Es-tu en colère ? », « Que se passe-t-il ? »

Gérez votre agressivité et celle des autres

Quand ça dérape, on est presque pris entre deux feux. Il faut gérer l'agressivité de l'autre et sa propre agressivité. Pour gérer sa propre agressivité, il faut agir dès qu'elle pointe le bout de son nez. C'est essentiel car, pris dans l'émotion, on a tendance à être hyperréactif sans obligatoirement bien mesurer les tenants et les aboutissants de la situation. Il est très utile de prendre le temps et de différer ses réponses. On peut proposer de reprendre une discussion constructive quand chacun aura « retrouvé ses esprits ». Pas facile de jouer l'apaisement, mais on peut apprendre à l'intégrer dans sa façon d'être. Certaines personnes ont cette ressource naturellement.

Dans la continuité de notre exemple, on peut imaginer l'échange suivant :

– J'ai l'impression que ça te met en colère ce que je viens de te dire…
– Je n'ai pas du tout apprécié…
– Écoute, toute cette situation m'énerve, laissons les choses s'apaiser et reparlons-en quand chacun se sera calmé…

Plus on apprend à se connaître soi-même, mieux on repère les limites à partir desquelles on n'est pas en mesure de gérer sereinement les situations. Pour faire descendre la colère, on peut agir sur les composantes physiologiques, c'est-à-dire le ressenti physique ; on peut s'aider de la relaxation rapide (voir page 109), de la cohérence cardiaque (voir page 110), des mouvements oculaires (voir page 117). Une autre technique, la « visualisation », permet de prendre du recul : il s'agit dans ce contexte de visualiser par exemple un carton dans lequel on range pour le moment le problème relationnel avant de s'adonner à une activité plus agréable. Je vous rappelle enfin que, si la colère n'est pas trop forte, les pensées reliées à cette émotion peuvent être relevées et restructurées. Pour cela, recherchez vos distorsions cognitives (« tout ou rien », surgénéralisation, filtre mental, disqualification du positif, conclusions hâtives, étiquetage, personnalisation, raisonnement émotionnel, prédictions négatives, les « je dois », « je devrais »).

Si l'on vous attaque personnellement

« D'abord, toi tu n'es qu'une conne ! », lâche un collaborateur.

« Connard, tu ne sais pas conduire ! », vous lance un automobiliste.

Il est extrêmement difficile de ne pas répondre à une agression concernant notre image tant la charge émotionnelle est importante. Certains pourront penser : « Moi, je m'en fous si on m'agresse personnellement, je réplique, je ne vais pas me laisser insulter. »

Imaginons un instant un conducteur qui vous interpelle en vociférant : « C'est inadmissible de conduire comme ça ! » Pensez-vous ressentir la même chose que s'il vous dit : « Connard (ou connasse), tu ne sais pas conduire » ?

En effet, ce qui donne envie de contre-attaquer, voire de se lancer dans un contact physique, c'est le contenu de l'attaque portant sur l'image personnelle. On comprend pourquoi, si on a une image de soi solide, on sera moins sensible à une attaque personnelle que si on a une estime de soi effondrée.

Quelle est la meilleure issue à ce type d'attaque ? Votre réponse la plus spontanée est : « Je ne me laisse pas faire. » Et alors ? que comptez-vous faire ? Répliquer en attaquant l'image de l'autre ? Si vous contre-attaquez, l'opinion des autres sur vous sera-t-elle influencée ? Et votre opinion de vous-même ?

En vérité, s'affirmer sans partir dans une contre-attaque ou une escalade a beaucoup plus d'impact sur l'estime de soi.

L'expérience et les études sur l'affirmation de soi montrent que répondre à un comportement agressif par un engagement agressif, voire violent n'apaise pas. Dans les heures qui suivent, il faut du temps à l'émotion pour redescendre. En revanche, si on ne s'engage pas dans un comportement violent, mais que l'on adopte une attitude affirmée, notre image de soi en sort renforcée.

Que faire si quelqu'un nous attaque personnellement ? Nous sommes bien dans le cas d'une attaque personnelle, ce qui n'est pas la même chose qu'une critique, où il faudrait essayer d'en savoir plus. Certains mots sont culturellement reconnus comme une insulte. Nous savons tous à peu près les mots qu'il faut utiliser pour agresser quelqu'un verbalement. « Tu es radin » n'a pas le même impact que « Tu es un abruti ». Dans le premier qualificatif, il est question de comportement, dans l'autre des capacités intellectuelles, donc de soi. Le premier est perfectible, les secondes le sont moins.

En cas d'attaque personnelle, d'insulte éventuellement, il s'agit de savoir entendre autre chose que le contenu explicite (le sens des mots), voire de ne pas y prêter l'oreille : « Vous êtes vraiment nul », « Vous êtes incompétente », « Tu n'es qu'un imbécile »… Avouez que ne pas entendre le contenu des mots, mais uniquement la colère qui les porte est une réelle aptitude. Elle consiste à rester centré sur le langage analogique (le paraverbal et les attitudes), et à adopter par rapport aux mots une cécité sélective. Que nous dit l'autre ? Qu'il est en colère, c'est tout… Il faut lui dire qu'on a bien entendu qu'il est en colère, sans s'attarder sur le contenu digital (les mots) de son message.

QUAND CHACUN SE LAISSE EMPORTER

L'AUTRE — *Vous n'êtes qu'un imbécile !*

VOUS — *Et vous, vous vous êtes regardé ! Pignouf !* (surenchère).

L'AUTRE — *Comment ça, osez le répéter !* (menaçant).

VOUS — *Vous croyez que je vais me gêner* (encore plus menaçant).

À ESSAYER DE FAIRE

L'AUTRE — *Vous n'êtes qu'un imbécile !*

VOUS — *Je vois que vous êtes en colère, que se passe-t-il ? Pourquoi êtes-vous en colère ? Quel est le problème exactement ? Qu'est-ce qui vous met en colère ?*

Vous avez peut-être l'impression que c'est trop artificiel, pas réaliste, que la logique fait que l'on ne doit pas se laisser marcher sur les pieds… Guidé par la colère, nous avons tous envie de nous lancer dans l'escalade symétrique jusqu'on ne sait où, car la surenchère peut aboutir à la violence physique.

Commencez par réfléchir à ce type de situation. Demandez-vous ce qui est le mieux pour vous, à moyen terme déjà. On ne peut jamais savoir comment peut déraper un conflit, alors dans le doute il vaut mieux s'abstenir.

Voici une anecdote personnelle. Au cours d'une conversation, je me vis personnellement attaqué, peu importe le contexte, les mécanismes sont quasiment toujours les mêmes. Quelqu'un attaque notre image, cela sert de déclic à la montée de la colère et on s'engage ou non dans un comportement agressif. Ce ne fut pas mon cas : je demandai à la personne ce qui posait problème. Après qu'elle me l'eut exposé, bien que mon point de vue fût différent, je ne me lançai pas dans la contradiction mais recherchai l'apaisement : « Je n'avais pas vu les choses ainsi. Maintenant que tu me le dis, je comprends que tu aies pu le prendre ainsi... je te propose la prochaine fois de faire autrement... » Il est vrai qu'au décours de la conversation, j'ai un peu regretté de ne pas en avoir décousu un peu plus ; j'avais l'impression que la colère que je ressentais aurait trouvé une issue favorable dans une contre-attaque. La colère contenue laisse, dans l'instant, une impression amère ; mais il n'est pas sûr que cette impression eût été toute différente si je m'étais jeté à corps perdu dans les hostilités. Dans les jours qui suivirent, l'émotion s'étant dissipée, je ressentis une grande satisfaction de ne pas avoir donné prise à ce qui aurait pu être le début d'un conflit, et je m'en suis senti renforcé. Car on garde un meilleur souvenir d'un moment où l'on est resté calme que d'un moment où l'on s'est emporté.

Une telle expérience positive a un effet renforçateur sur l'apprentissage d'un nouveau comportement, qui ne paraît plus du coup si artificiel ou irréaliste.

Recadrer le problème

C'est le cas type de l'« engueulade de couple » qui survient dans la voiture au moment de se rendre à une soirée, qui commence par un : « Tu aurais pu penser aux fleurs » et se termine par : « Que faisons-nous ensemble ? ». Plus il y a d'affectif, plus le problème initial peut être confondu avec la nature de la relation.

Quand un patient se plaint auprès de moi d'une situation conflictuelle avec une personne de son entourage personnel ou professionnel, je suis souvent amusé par la surprise qui apparaît sur son visage quand je lui demande : « Mais qu'est-ce qui pose problème exactement ? » « Pourriez-vous m'expliquer, avec des mots simples, mais précis, quel est le problème exactement ? »

Chacun ressent un soulagement à prendre un peu de recul par rapport à une relation et ce, uniquement en se posant cette question. Certaines relations se sont tellement dégradées par manque de communication, au cours de situations problématiques où il en aurait fallu, qu'elles deviennent elles-mêmes un problème. Et ce d'autant plus que la relation est ancienne.

Souvent, un ensemble de problèmes inhérents ou extérieurs à la situation se sont agrégés en une sorte de « vaste problème flou » où tout est généralisé. Quand vous recadrez le problème, vous vous recentrez sur la situation présente et vous empêchez la confusion entre la situation qui pose problème et la relation qui pose problème.

Être clair avec soi-même

Si j'entre en conflit avec une personne, je dois me demander si c'est la situation qui me pose problème où si c'est la tête de cette personne qui ne me revient pas. Dans ce cas, l'origine du conflit est peut-être à rechercher ailleurs, dans l'histoire de ma relation avec cette personne. Je peux me demander ce qui, dès le début peut-être, a pu me faire ressentir des émotions négatives dans cette relation ou si j'ai changé d'opinion depuis, et pourquoi.

Pour cette raison, il est important de déterminer les différents problèmes qui ont pu se succéder et de savoir rester centré sur le problème actuel.

Si un conflit survient, vous devez garder en tête les questions suivantes :
– Quel est le problème actuel en quelques mots clairs ?
– Quelle est la qualité de ma relation avec cette personne : bonne, moyenne, mauvaise ?
– Est-ce que j'apprécie cette personne ? Je l'apprécie, elle m'indiffère, je ne l'aime pas ?
– Pourquoi ? (Quels sont les événements qui m'ont amené à penser cela ?)
– Aujourd'hui, qu'est-ce qui me semble le plus important à régler ?

Natacha est en conflit avec une collaboratrice au sujet d'un dossier que cette dernière s'est approprié.

Voici les réponses de Natacha aux questions ci-dessus :
– Le problème actuel : ma collaboratrice s'est approprié un dossier.
– La qualité de notre relation : mauvaise.
– Est-ce que j'apprécie ma collaboratrice ? Je ne l'aime pas.
– Pourquoi ? Dès le début, je l'ai trouvée hautaine. À plusieurs reprises, elle ne m'a pas écoutée.
– Aujourd'hui, qu'est-ce qui me semble le plus important à régler ? La relation. Le dossier en fait m'importe peu.

Dans cette situation, Natacha prend du recul sur le problème qui lui apparaît secondaire, car, finalement, elle ne tenait pas particulièrement à ce dossier. C'est plus la perte symbolique qu'il représente qui sert de déclic :

Natacha y voit un manque de respect de la part de sa collaboratrice.

En fait, Natacha n'aime pas sa collaboratrice et ce, depuis le début, si bien que des situations, qui avec quelqu'un d'autre n'auraient pas été un problème, le deviennent ici. Elle doit réfléchir sur son désir d'améliorer cette relation ou tout au moins d'empêcher les situations de déraper en conflit.

Aider les autres à clarifier le problème

Plus l'émotion est forte, plus on a tendance à s'éloigner du problème initial. En recadrant le problème avec l'autre, on empêche le conflit de déraper sur la nature de la relation. Il faut garder à l'esprit que votre problème actuel n'est pas que l'autre vous aime ou ne vous aime pas (c'est-à-dire la nature de la relation), mais la situation précise qui a entraîné le conflit. Si vous devez vous entraîner à recadrer vous-même le problème, il est important d'aider l'autre à le recadrer avec vous. Prenez comme point de départ l'émotion que vous percevez chez l'autre lors du conflit.

Quand l'autre est agressif et que le problème n'est pas clairement énoncé, vous pouvez vous adresser ainsi à lui : « Je vois que tu es en colère, qu'est-ce qui te pose problème ? »

Si le problème est énoncé plus ou moins clairement, on peut effectuer un recadrage en reformulant simplement le problème énoncé : « Si je comprends bien ce que tu me dis, ce qui te pose problème, c'est… », « Si je comprends bien ce que tu veux me dire, tu as été heurté quand j'ai fait ou dit cela… »

Si l'autre s'en éloigne, faites-le revenir au problème initial. Une fois le problème bien défini, proposez ou demandez une ébauche de solution.

Je trouve que recadrer le problème et impliquer l'autre pour qu'il vous aide à le faire est un très bon point de départ quand on ne sait pas par où commencer pour sortir du conflit. J'aime beaucoup le faire car on s'apaise en faisant quelque chose et on montre à l'autre que l'on s'intéresse à sa façon de voir les choses. Détourner son attention vers l'action aide également beaucoup à sortir de l'émotion. De plus, cela permet de poser les bases pour la recherche de solutions. Si le problème reste flou, on ne voit pas bien comment on pourrait y apporter les bonnes solutions.

Recherchez des solutions ensemble

Comment procéder pour rechercher des solutions ? Seul d'abord, avant que la situation ne dérape. Quand on sent qu'une situation-problème est sur le point de donner lieu à un conflit, on a tout intérêt à utiliser la « technique de résolutions de problème ».

Après avoir défini clairement le problème, écrivez pêle-mêle toutes les solutions possibles qui vous viennent à l'esprit avec les avantages et inconvénients de chaque solution, puis choisissez celle qui est la plus pertinente. Essayez en même temps de prendre du recul. Si besoin, aidez-vous en imaginant que c'est une personne proche qui vous raconte son problème ; que lui proposeriez-vous ?

Voici un exemple de conflit de voisinage :

Ma voisine du dessus fait du bruit avec ses talons en rentrant tard le soir.

Le problème : le bruit qu'elle fait avec ses talons.

Les solutions possibles :

- Lui acheter une paire de pantoufles.
- Mettre ma chaîne Hifi à fond le matin de bonne heure, ou lui voler son courrier pour me venger.
- Isoler mon appartement.
- Dormir avec des bouchons d'oreilles.
- Taper dans le plafond avec un manche à balais dès qu'elle rentre.
- Aller lui parler.
- Porter plainte.
- Déménager.

Le choix le plus logique dans un premier temps est d'aller lui parler.

Dans cet exemple, comme il s'agit d'un problème chronique, il vaut mieux l'aborder avec la personne concernée à un moment où l'émotion négative est au plus bas. Si on va parler à une personne dans le feu de l'action, il faut être sûr que l'on gardera son sang-froid et que l'émotion ne fera pas déraper la situation.

En général, quand une situation dérape, le principe est le même sauf que la recherche de solutions se fait à deux. Une fois le problème bien défini, le temps est venu de rechercher des solutions. Pour impliquer l'autre dans cette recherche, on utilise le questionnement : « Qu'est-ce que tu proposes ? », « Comment vois-tu les choses ? »

Si l'un ou l'autre propose une ou des solutions, on peut choisir ensemble la meilleure. Ensuite, l'idéal est de fixer une date butoir où l'on fera ensemble le point sur le problème et où, si nécessaire, on cherchera une autre solution.

– Tu t'es occupé du dossier Y ?
– Non, j'ai complètement oublié…
– J'en ai ras le bol, ça devient invivable ici, c'est le bordel ! (le problème devient flou).
– Au fond, si je comprends bien, tu es en colère parce que je ne me suis pas occupé du dossier ? (recadrage du problème).
– On ne peut pas te faire confiance. Moi, je vais m'en foutre comme tout le monde !
– Je ne me suis pas occupé du dossier, tu as raison (recadrage du problème). Je propose de m'en occuper tout de suite (proposition de solution). On en reparle demain matin pour voir où ça en est si tu veux.

Pour illustrer cette démarche, j'aimerais vous raconter une anecdote qui m'est arrivé il y a quelques années. La porte d'une boutique située en dessous de mon logement claquait bruyamment dès qu'un client y entrait. Ce bruit répété devint vite très énervant. J'ai attendu que ma colère descende, puis suis allé parler au commerçant.

MOI — *Je suis votre voisin du dessus. Je voulais vous dire que lorsqu'un client entre, je suis très incommodé par le bruit que fait la porte de votre magasin* (énonciation claire du problème), *comment pourrait-on faire pour que ça ne pose plus problème ?*

LE COMMERÇANT — *Ah bon, vous êtes le premier à vous plaindre* (réflexe défensif et minimisation du problème).

MOI — *Je comprends bien, mais, moi, ça me pose problème que la porte claque bruyamment* (disque rayé).

LE COMMERÇANT — *Bon on va essayer de voir.*

MOI — *Merci d'y penser parce que c'est très embêtant. Je suis sûr que vous pouvez trouver une solution.*

Dans cet épisode, j'ai pu constater à l'instant même en sortant du magasin que ne pas avoir laissé libre cours à la colère n'avait aucune conséquence négative. Au contraire, avoir exprimé les choses positivement m'a laissé une sensation agréable. Je pense que j'aurais pu le faire en colère, à condition de rester bien centré sur le problème. Car, rappelons-le, c'est la façon d'exprimer sa colère qui est capitale.

Dans les jours qui suivirent, le problème n'évolua guère. Je me fixai un délai d'une semaine avant de retourner voir le commerçant.
MOI — *Je suis venu vous voir l'autre jour pour… À ce jour, le problème persiste. Qu'envisagez-vous ?*
LE COMMERÇANT — *Pourtant, mon employé a regardé la porte. Il n'y a pas de problème.*
MOI — *Je ne pense pas. Je peux vous dire qu'à chaque fois qu'un client entre, la porte claque bruyamment* (sur un ton plus ferme). *Je souhaite que vous trouviez une solution* (je reste centré sur le problème et ne lui reproche pas une éventuelle mauvaise foi).
LE COMMERÇANT — *Bon, on va revoir le problème.*
MOI — *Il doit bien y avoir une solution. Ça serait bien que vous vous en occupiez…*

Le problème a disparu en quelques jours. Je suis allé revoir le commerçant pour lui dire ceci. : « Je voulais simplement vous remercier d'avoir tenu compte de ce que je vous ai demandé l'autre jour… (message positif). »

Le commerçant m'a souri, apparemment aussi satisfait que moi de l'issue favorable. Par la suite, nos rapports sont restés très cordiaux et nous nous saluions quand je passais devant la vitrine de son magasin.

Tout le monde n'est pas prêt à échanger sur ce mode. J'aurais pu tomber sur un commerçant plus obstiné. Pour ma part, je ne crois pas que hurler dans le magasin aurait fait plus avancer les choses : enfin, c'est possible, mais à quel prix !

Un conflit prépare le suivant

Julien s'est disputé hier avec ses parents : il s'est emporté après une critique. Depuis, il reste sous l'emprise de la colère. Du coup, il se sent irritable, un rien l'agace. Comme son amie a oublié de poster une lettre pour lui. Il se met en colère et déverse son agressivité : « On ne peut jamais compter sur toi », lui dit-il. Son amie le prend très mal et ne lui adresse plus la parole du week-end. Maintenant, Julien est impliqué dans deux conflits.

Nous avons tous déjà remarqué qu'être engagé dans un conflit peut nous rendre anxieux et irritable. On peut parler de « stress relationnel » en entendant par « stress » une contrainte externe à laquelle il faut s'adapter. Chacun réagit différemment face au stress induit par une difficulté relationnelle. La colère, l'agressivité peuvent apparaître dans ce contexte.

Rappelons que la colère se nourrit d'elle-même et que le cerveau émotionnel reste en alerte dans les jours qui suivent la montée de la colère. Le seuil de déclenchement de cette émotion est alors abaissé.

Ainsi, au sein d'une relation, les conflits successifs ont tendance à se déclencher de plus en plus facilement. Ce qui était peut-être toléré auparavant ne l'est plus. Le phénomène est bien connu des thérapeutes de couple. Un couple, lancé dans le cycle de la dispute, n'arrive plus à en sortir : une dispute facilite l'arrivée de la suivante, chacun étant persuadé que l'autre a commencé.

Si vous traversez un conflit ou si vous venez d'en traverser un, demandez-vous si vous êtes soumis à d'autres stress relationnels. Prêtez attention au risque que vous courez, en n'ayant pas résolu un conflit, d'en provoquer d'autres. Dans l'exemple que nous avons cité, il est probable que le conflit de Julien avec ses parents a facilité l'ouverture des hostilités entre Julien et son amie, en le mettant dans un état émotionnel propice.

On utilise le terme de « déplacement de conflit » quand un conflit ne peut avoir lieu dans une situation donnée, par exemple parce qu'il y a une relation hiérarchique entre l'autre et vous. La colère n'est alors pas adressée au bon destinataire. Un homme ou une femme à qui son patron vient de confier un dossier à finir d'urgence pour le lendemain se met en colère pour une « broutille » une fois rentré chez lui. Le déplacement de conflit peut avoir lieu dans la même relation. Dans ce cas, le conflit éclate dans une situation qui n'est pas la véritable cause. Par exemple, vous vous disputez avec votre conjoint au sujet des enfants, mais le problème initial est une autre situation survenue la veille (vous êtes rentré tard sans prévenir).

Maintenant, vous savez que, si vous êtes engagé dans un conflit, vous êtes plus enclin à vous engager dans un autre conflit. La règle d'or est plus que jamais de savoir temporiser.

CHAPITRE 6

Après un conflit

Les obstacles à la réconciliation

Les mots qui dépassent la pensée

Si la situation dérape, que l'on participe à l'escalade symétrique, il n'est pas rare que la colère monte. Ce que l'on dit ou fait sous l'emprise de la colère n'est pas toujours rationnel. Il est possible qu'à l'instant où l'émotion est à son paroxysme, les mots « dépassent la pensée », parce que le but est la décharge de l'émotion. Y voir une manifestation de l'inconscient qui, sous l'emprise de la colère, s'engouffrerait dans le réel est probablement abusif. Pourtant cette idée participe à la croyance qui consiste à dire « si on a dit ça sur le coup de l'émotion, cela signifie qu'on le pense vraiment ». Rien ne permet d'affirmer que cela corresponde à une vérité incontestable. C'est peut-être vrai, c'est peut-être faux. Ce n'est pas parce qu'on pense que quelqu'un est « complètement stupide », qu'on l'exprime sous le coup de l'émotion que c'est ce que l'on pense de cette personne « réellement » au fond de soi. Il arrive qu'à un moment donné, l'émotion étant trop forte, on confonde le comportement avec la personne.

De plus, notre représentation d'une personne peut évoluer. Vous avez déjà vécu ou vu des relations dont les protagonistes ne s'aimaient pas au départ et sont devenus, par la suite, les meilleurs amis du monde.

Une de mes patientes n'arrivait pas à dépasser le fait qu'au décours d'une dispute, une amie, sous le coup de la colère, lui avait dit : « Toi, de toute façon, tu n'es qu'une petite bourgeoise ! » En racontant les faits, cherchant mon assentiment, elle me disait : « Si elle a dit ça en colère, c'est qu'elle le pense ! N'est-ce pas ? »

Cette croyance risque malheureusement de gâcher une relation quand une situation a dérapé. Ce qui pose réellement problème, ce sont les attaques de l'estime de soi. Cela peut être vécu comme une véritable blessure et donner naissance à une rancune qui va empêcher la réconciliation ou même causer la fin de la relation.

La rancune

De même qu'on peut parler de caractère colérique, on peut parler de caractère rancunier. Nous connaissons tous dans notre entourage des personnes avec qui les conflits sont sans grande conséquence et d'autres avec qui les conflits peuvent abîmer sérieusement une relation.

Dans la rancune, l'émotion est bloquée. Les mots de la rancune sont :

- Ça a du mal à passer.
- Je l'ai encore là…
- La coupe est pleine.

Cette émotion bloquée va entraîner un trouble tel dans la communication qu'il pourra mettre fin à la relation. Mais cette relation ne sera pas pour autant finie – je veux dire psychiquement – et il suffira qu'on nous parle du protagoniste pour ressentir encore l'émotion qui lui est associée.

Cette émotion bloquée peut être de la haine accompagnée ou non d'envie de représailles.

La rancune peut prendre de la puissance dans une relation qui perdure par obligation ou parce que la séparation ne peut avoir lieu facilement : c'est le cas de relations de travail, de relations familiales et amoureuses. Dans un couple, par exemple, des attaques personnelles, des blessures d'amour-propre peuvent créer un sentiment de rancune qui va accélérer la dégradation de la relation ; car, même si l'on tente de les réparer, les « phrases malheureuses » continuent leur « travail de sape ». Les couples chez lesquels il y a eu des attaques personnelles répétées ont peu de chances de durer.

Le rancunier n'arrive pas à passer l'éponge : il reste fixé sur l'événement, contrairement aux non-rancuniers qui peuvent repartir « là où ils étaient dans la relation ». Le rancunier a une représentation de l'événement qui lui revient dès qu'on évoque le contentieux. Il estime que l'autre a une dette relationnelle à son égard. La colère ou l'agressivité n'a pas été clairement exprimée ou bien il y a eu escalade symétrique avec rupture de la communication.

Quand la rancune existe, l'émotion non métabolisée apparaît dès que l'on évoque le conflit ou la personne. Même si la personne dit : « Ce n'est pas grave, c'est oublié... », son langage analogique (celui de l'émotion) la trahira.

Le rancunier a un style cognitif particulier et fonctionne avec des principes :

– L'autre aurait dû faire ceci, cela...
– C'est inadmissible...

La rancune naît quand on a l'impression d'avoir été blessé ou menacé dans son image. On voit que tout dépend du style cognitif de chacun et donc de la représentation qu'il se fait des événements. On peut voir une tentative d'attaque personnelle, une injustice, une humiliation, là où quelqu'un d'autre verrait tout autre chose.

La personne non rancunière a probablement une image d'elle-même plus solide et surtout des capacités d'empathie plus importantes. Les cognitions du type « l'autre aurait dû, de qui se moque-t-on ? » sont moins rigides et peuvent faire place à des alternatives comme : « Peut-être qu'il ou elle ne pouvait pas faire autrement » ou « Je peux comprendre… »

Si l'on se sent rancunier, on peut soumettre ses pensées à une restructuration car, bien souvent, les distorsions cognitives y sont très présentes avec tout le cortège d'erreurs d'interprétation qui en découlent.

Le problème non résolu

Sébastien est en retard au théâtre. Karine l'attend plus d'une demi-heure. Quand Sébastien arrive, la dispute éclate. Ce n'est pas la première fois. Le retard de Sébastien est souvent source de disputes. Pourtant, Sébastien n'a en rien modifié son comportement.

Jacques a eu plusieurs altercations avec son voisin au sujet de sa chaudière qui fait un bruit insupportable. Le voisin a dit qu'il allait s'en occuper, ce qui a apaisé la relation. Mais deux mois plus tard, rien n'est réglé.

Parfois un conflit s'apaise, mais le problème persiste, si bien que la réconciliation est de courte durée. Si Sébastien ne modifie pas son comportement, si le voisin ne règle pas le problème, le conflit va réapparaître. On ne peut pas espérer se réconcilier vraiment si le problème qui a été à l'origine du conflit n'est pas réglé ou a été éludé. On va immanquablement s'y retrouver confronté.

Le problème non résolu peut aussi se transformer en conflit silencieux, car l'une des personnes impliquées ne veut plus se disputer ou s'expliquer. N'arrivant pas à trouver de compromis, elle exprime son opposition de façon passive. Il n'y a plus d'échanges sur ce qui pose problème, le conflit devient silencieux.

> André s'est disputé à plusieurs reprises avec sa femme car il trouve que ses beaux-parents sont beaucoup trop présents à son domicile. Après chaque dispute, le désaccord reste entier. Son épouse lui dit « Tu ne vas quand même pas me reprocher de trop voir mes parents ; il y a tellement de gens qui aimeraient encore avoir leurs parents ! » En invoquant la valeur du lien parental, argument imparable, elle ne tient pas compte du ressenti de son mari et disqualifie son point de vue.
> Désormais, quand ses beaux-parents viennent, Jean s'organise pour faire autre chose à l'extérieur ou va bricoler dans son atelier. Le conflit n'est plus parlé, il est devenu silencieux.

Vous savez maintenant l'intérêt de bien déterminer le problème et de proposer des solutions ou des compromis. Mais si l'un des protagonistes disqualifie la perception de l'autre ou campe sur ses positions sans aucun compromis possible, le conflit risque de devenir silencieux.

Le sentiment de trahison

Il s'agit d'un terme assez fort pourtant couramment utilisé. On ressent que l'autre a rompu le contrat de confiance implicite que l'on avait établi avec lui. Plus le lien est ancien et affectif, plus ce sentiment a de chances d'apparaître dans une situation où la confiance que l'on a mise en l'autre a été bafouée. Si ce sentiment repose sur des faits réels et précis, et non des impressions, il est vrai qu'il est difficile d'envisager une réconciliation quand la confiance en l'autre a disparu. C'est ici qu'il faut faire attention à ne pas être dans le « raisonnement émotionnel », c'est-à-dire à ne pas confondre le sentiment d'être trahi avec la preuve d'avoir été trahi (« Si je me sens trahi, cela veut dire que l'autre m'a trahi »).

Savoir utiliser la parole

Les psychothérapeutes connaissent depuis longtemps l'importance de la parole. Nous avons déjà dit son rôle majeur pour ventiler les émotions, pour remettre du langage digital sur le langage analogique. Pour éviter les « dettes relationnelles », pour que les émotions non exprimées ne deviennent pas sources de conflits futurs, bruyants ou silencieux, il est nécessaire de mettre des mots sur ce que l'on a ressenti pendant le conflit. Gardez-vous de tenter de blâmer ou de culpabiliser l'autre, mais exprimez-vous sincèrement. Votre but est de conserver la relation et d'éviter que cela se reproduise.

Voici quelques exemples de formulations dont vous pouvez vous inspirer :

– L'autre jour quand tu as dit cela, j'ai été heurté…
– Quand tu as dit cela, je me suis emporté inutilement…

– Quand il s'est passé cela, ça m'a mis très mal à l'aise…
– Nous nous sommes querellés pour une chose peu importante.
– J'aurais préféré que…
– Quand tu as dit cela, j'ai été déçu…

La parole a pour fonction de donner du sens à ce qui s'est passé, mais aussi de l'inscrire dans l'histoire de la relation. On peut expliquer comment on a vu la situation évoluer, ce que l'on a ressenti et comment on voit les choses. Par exemple : « J'aimerais que la prochaine fois qu'on sent qu'on va déraper, on prenne le temps de réfléchir chacun de notre côté… »

Comment éviter de recommencer

Il ne suffit pas d'avoir rétabli la communication, que les émotions des uns et des autres soient apaisées ; il vous faut maintenant veiller à ne pas répéter le conflit.

En ce qui vous concerne, vous devez :

– Repérer vos déclics (savoir vous dire « attention là c'est un déclic, cela ne veut pas dire que l'autre recherche le conflit…).
– Essayer d'examiner ce qui, à un moment donné, n'a pas bien fonctionné chez vous (comportement, paroles…).
– Apprendre à gérer votre colère.
– Régler le problème qui est à l'origine du conflit si vous en êtes la cause (par exemple, comment ne plus être en retard si c'est votre retard qui est à l'origine du conflit, arrêter de critiquer votre conjoint si c'est la cause des disputes…).

Ensemble, l'échange doit afficher une volonté des uns et des autres pour que le conflit ne recommence pas. Évoquez ce qui n'a pas fonctionné en écoutant l'opinion de l'autre et en utilisant la reformulation du sens que chacun y voit, et des différents ressentis. Essayez d'impliquer l'autre dans la mise en place de stratégies pour ne plus en arriver au conflit, pour que vos désaccords soient gérés autrement ; et, le cas échéant, déterminez ensemble des garde-fous.

> Mathilde se met en colère et se jette à corps perdu dans la dispute dès que son mari lui fait une critique. Une fois la dispute passée, Mathilde propose d'aller s'isoler ou marcher dès qu'elle sent qu'elle va s'engager dans la dispute.

Savoir se séparer

Nous ne sommes pas tenus de faire durer une relation qui nous procure plus de difficultés ou de souffrance que de plaisir. En dehors du travail, aucune relation n'est obligatoire. Et même, dans ce cas, à long terme, un changement peut être envisagé.

Je pense que dans certains cas la meilleure relation que l'on puisse avoir avec une personne est de ne pas en avoir. Même si le titre de cet ouvrage est *Comment avoir de bonnes relations avec les autres*, l'entente parfaite avec tout le monde n'est pas possible. Il existe presque pour chacun d'entre nous des personnes avec qui il n'est pas opportun d'entretenir des relations. D'abord, parce qu'il faut partager les mêmes valeurs, telles que la confiance, le respect de l'autre. Une relation repose sur un échange gratifiant pour les deux protagonistes : sur des échanges intellectuels, sur une passion comme le sport, la musique, tout ce qui crée le plaisir d'être ensemble. Ensuite, parce que, dans certains cas particuliers, nous avons affaire à des personnalités pathologiques, des manipulateurs et les relations ne seront bien sûr pas constructives. Si vous vous sentez facilement abandonné, ce type de relation pourra même être destructeur pour vous. Comment les repérer ? Des changements soudains d'humeur dans votre relation, un manque d'empathie, une absence d'échanges réels… Les rendez-vous annulés à la dernière minute de façon répétée, ou sans que vous en soyez prévenu, montrent que vous n'êtes pas respecté. Si une personne active votre culpabilité et vous amène à penser des choses négatives sur vous-même, qu'elle vous tire vers le bas, ne cherchez pas à avoir de bonnes relations avec elle.

Mon conseil ? « Courage, fuyez !… » Si vous vous sentez dépendant malgré l'absence de gratification dans cette relation, que vous n'arrivez pas à y mettre un terme, faites-vous aider.

Comment faire le point sur une relation qui pose problème ? Vous avez appris à distinguer ce qui pose problème dans une difficulté relationnelle et la nature de la relation. Comment faire le point lorsque c'est l'ensemble de la relation qui est difficile ? Si une difficulté survient avec une personne avec laquelle vous avez vécu une vraie rencontre, vous pouvez choisir de vous maintenir dans cette relation pour essayer de la préserver.

À partir du moment où la relation amicale ou amoureuse devient synonyme de déplaisir, on doit se poser la question de ce qui nous maintient dans cette relation. Parfois, c'est le vide qu'elle semble remplir et l'angoisse de perdre cette relation.

Quand on travaille avec des patients sur leurs relations difficiles, on les aide à faire la part des choses, en leur demandant : « Si la relation s'arrêtait, la perte serait-elle réelle ? » Il m'arrive d'être surpris par les réponses car beaucoup de patients ne se sont pas posé la question. Et on s'aperçoit même parfois que c'est l'autre partenaire qui aurait le plus à perdre. La seconde question est : « Comment pourrez-vous faire face à l'impression de vide ? »

C'est là que l'on voit que chacun a des capacités différentes pour faire le deuil. Ceux qui sont dans une insécurité affective permanente en raison de leur histoire fantasment souvent une perte imaginaire bien plus importante que la réalité.

Je voudrais distinguer ici la séparation de la rupture. C'est la différence pour un navire entre larguer les amarres pour un voyage préparé, et perdre les amarres sous la rage d'une tempête. Dans une séparation, on désinvestit psychiquement la relation, alors que, dans la rupture, l'autre reste dans le psychisme « objet de haine ». Dans une relation finie, il n'y a plus d'émotion négative. Le souvenir du conflit devient neutre : on dira que l'incident est clos.

Encore une fois, si vous vous sentez pris dans une relation, dont vous n'arrivez pas à vous détacher, n'hésitez pas à vous faire aider.

CHAPITRE 7

L'art de la médiation

Quand vous rétablissez le lien entre vos proches

La médiation, c'est rétablir le lien, le pont qui va permettre à la parole de recirculer, au dialogue de redémarrer. Je trouve personnellement cette démarche extrêmement gratifiante. Parfois, c'est un rôle que l'on nous demande d'endosser sans que nous l'ayons souhaité spontanément. Comment gérer au mieux ces situations ?

Nous avons tous servi plus ou moins informellement de médiateur dans un conflit professionnel, amical, ou familial. Cela demande souvent de manœuvrer avec prudence. Si deux de vos amis sont en conflit, vous pouvez les aider à se reparler en vous plaçant comme l'émissaire de messages positifs. Lorsque, seul avec tour à tour chaque protagoniste, vous soulignez ce que chacun pense de positif de l'autre, vous participez directement à l'apaisement du conflit. Vous pourrez ensuite proposer que ces deux amis se revoient. Vous direz que c'est de la manipulation ? Non, juste de bonnes intentions !

Dans l'optique d'améliorer la relation, vous appliquerez les mêmes principes que si vous étiez impliqué dans un conflit, en veillant bien sûr à ne pas prendre parti. Si l'une des personnes émet une critique, une attaque portant sur la personne absente, vous ne donnerez pas de suite au contenu de la critique mais à l'émotion exprimée : « Je vois que cela te met en colère. » Vous pointerez d'éventuelles distorsions dans le discours de l'autre (bien sûr, pas avec les termes techniques, mais comme ceci : « Tu ne crois pas que tu dramatises ? », « Tu ne penses pas que tu vois tout en noir ? », « À part ce différend, vous aviez une bonne relation, elle semblait t'apprécier ? », « Tu me dis qu'elle pense ça, tu ne crois pas que tu conclus un peu vite ? »...).

Si vous êtes en présence des deux personnes qui sont en conflit, vous pouvez tenter de faire verbaliser chacune sur son vécu. Comme vous n'avez pas une fonction de médiateur officiel, exprimez aussi vos émotions par rapport à ce conflit : « Vous êtes tous les deux mes amis, j'ai de la peine de voir que vous êtes fâchés. » Utilisez la métacommunication (vous décrivez ce qui se passe) : « Quand Didier dit ça, tu secoues la tête pour dire que tu n'es pas d'accord. Du coup, Laurent pense que tu ne veux pas écouter et chacun se braque... » Puis recentrez sur la cause du conflit : désaccord ou comportement de l'un ou l'autre.

Quand vous avez le rôle de médiateur

Jacques est cadre dans une entreprise. Récemment, en raison d'une mauvaise définition des rôles de chacun, un conflit s'est brutalement déclaré entre Jacques et l'une de ses collaboratrices, Mathilde, au sujet d'un rendez-vous de travail reporté. L'e-mail annonçant le contre-temps avait un contenu verbal très brutal. Finalement, Jacques voulant aller s'expliquer est tombé dans l'escalade symétrique qui conduit si facilement au conflit. Depuis ce clash, Jacques et Mathilde ne se parlent plus, s'évitent dans les couloirs. On devine que les conséquences sont lourdes en termes de management, de perte d'énergie en émotions négatives, de résolution des problèmes inhérents à l'entreprise. Personne ne pouvait envisager une rencontre entre Mathilde et Jacques sans un nouveau clash.

La solution trouvée fut d'utiliser un médiateur en la personne du patron qui entretenait une très bonne relation avec Jacques comme avec Mathilde. Le rendez-vous fut un succès. En sortant de son bureau, Jacques et Mathilde s'étaient à nouveau parlé et avaient commencé à élaborer des solutions possibles. Chacun devait y réfléchir de son côté.

Dans un cadre professionnel, la médiation peut s'effectuer de façon plus formelle. Elle consiste à écouter les doléances des uns et des autres, à amener les protagonistes à reformuler ce qu'ils ont compris du vécu de l'autre, à recadrer précisément le ou les problèmes. On cherchera ensuite à impliquer les deux parties dans la recherche de solutions. Le médiateur n'est pas un thérapeute ; il doit rester centré sur le ou les problèmes contrairement aux thérapeutes familiaux ou de couple qui vont s'appuyer sur les problèmes pour travailler sur la nature de la relation.

Pour que le médiateur ne soit pas tenté de prendre parti, il peut adopter le conducteur du tableau page suivante.

Comment tenir son rôle de médiateur

Le médiateur doit se demander avant de s'engager

– Quelle est ma fonction dans cette relation ?
– Quelles émotions est-ce que je ressens au sujet des deux protagonistes ? Suis-je sûr de ne pas prendre parti ?
– Ai-je des *a priori* ? Sur quelles cognitions reposent-ils ? Quelles sont mes distorsions ?
– Quels sont les objectifs à court, moyen, long terme ?
– Mise en place de stratégies : réunion (nombre, contenus).

Au cours de la réunion

– Annoncer les objectifs, recadrer les problèmes.
– Impliquer les deux protagonistes ou groupes de protagonistes dans la recherche de solutions.
– Souligner ce qui rapproche : « Comme X, tu penses que… »
– Appuyer sur l'intérêt d'avoir des points de vue différents quand il s'agit de points contradictoires.
– Amener X à comprendre la logique de Y et *vice versa*.
– Écouter les uns et les autres, reformuler.
– Si l'échange devient conflictuel, utiliser la métacommunication, c'est-à-dire décrire la façon dont chacun communique dans l'interaction présente.
– Finir par un compte rendu oral et une annonce de la suite (par exemple, se revoir pour évaluer).

CHAPITRE 8

Au travail, dans le couple, en famille, au volant… Comment réagir selon le contexte ?

Au travail

Au travail, s'entendre avec les autres est obligatoire, ne serait-ce que pour effectuer son travail sereinement. On n'est pas obligé de s'entendre bien avec tout le monde. Il ne faut pas non plus confondre « être aimé par tout le monde » et avoir de bonnes relations. La prévention des conflits a ici une importance particulière puisqu'on ne peut pas, dans ce contexte, éviter la confrontation. Pourtant, il n'est pas rare qu'une difficulté relationnelle se révèle une cause d'arrêt de travail, dans une tentative d'évitement de la relation quand une personne ne peut plus gérer la relation.

Une patiente, tous les matins, avait mal au ventre à l'idée d'aller travailler parce qu'elle était en difficulté avec une nouvelle collaboratrice. Même lorsqu'elle comprit que cette relation était la réactualisation d'une relation passée avec une institutrice du cours primaire (souvenir réapparu au cours d'une séance d'EMDR), il lui manquait des techniques de gestion de son agressivité et d'affirmation de soi pour faire face à cette personne particulièrement autoritaire.

La prévention des conflits en entreprise, c'est aussi ne pas participer aux médisances sur un ou une collègue, et c'est sans doute le plus délicat. Il est difficile de rester dans une écoute passive, d'autant plus que l'autre veut souvent nous impliquer. Pour cela, gardez à l'esprit qu'on ne sait jamais qui demain s'entendra bien avec qui.

Quand il s'agit d'un problème avec un supérieur hiérarchique, la situation est plus délicate. On peut avec les techniques d'affirmation de soi apprendre à donner son opinion et remettre ainsi un peu de symétrie dans cette relation. Un bon manager n'est pas forcément dans l'autoritarisme à tout va, mais sait au contraire écouter ses collaborateurs.

Si vous êtes victime de harcèlement moral

Le harcèlement moral représente pour le sujet un véritable traumatisme. Il survient comme une expérience de rupture bien décrite par les patients. Il y a l'« avant » la rencontre de la personne harceleuse et l'« après ». Les expressions utilisées par ces patients sont du type : « Il ou elle m'a détruit » ; les idées d'effondrement interne, de nécessité de se reconstruire sont toujours présentes.

Il n'est pas du ressort du thérapeute de juger si ce que le patient dit est vrai ou faux, mais d'écouter sa souffrance et de la prendre en charge. Si besoin, il sera utile de le guider vers un intermédiaire institutionnel qui pourra l'entendre : en cela, le médecin du travail est un allié précieux.

La personne harceleuse est décrite, en psychiatrie, comme une personnalité perverse narcissique. Cette personne est dans la toute-puissance. Elle tire plaisir de l'agression de l'autre.

Ce qu'il m'apparaît important de souligner est que la répétition de traumatismes, qui n'auraient parfois pas une énorme importance pris isolément, donne de la puissance à l'intentionnalité de nuire, d'évincer.

Tout l'arsenal des comportements agressifs allant de l'« agressivité en douce » (« on ne peut pas compter sur vous », etc.) à la violence verbale, voire physique : bousculer quelqu'un pour qu'il sorte du bureau… est utilisé.

La différence avec un conflit habituel, tel que nous en rencontrons tous les jours, est que le sujet qui harcèle n'est pas en position symétrique par rapport à la victime. La relation est de type complémentaire soit à cause de la position hiérarchique de la personne harceleuse, soit à cause de la dépendance affective de la victime. Il existe des cas de harcèlement entre associés. Cette personne peut être une relation de travail, mais aussi un proche, un conjoint. Pour le harcelé, se mettre en position de répondre équivaut à une menace d'abandon. Ce positionnement empêche de toute façon l'escalade symétrique. L'agressivité de la personne harcelée est contenue, et la tension devient si élevée que l'issue est, par épuisement, la dépression avec son cortège d'autoaccusation, d'autodépréciation et de ruminations anxieuses. Le vécu de la victime est parfois proche du stress post-traumatique.

Devant ce tableau clinique, le thérapeute peut utiliser les outils des thérapies de soutien mais avec une écoute active (le silence peut aggraver l'impression d'isolement du sujet). Le travail sur l'émotion (notamment l'agressivité contenue) et la restructuration cognitive sont efficaces pour mettre fin à la spirale dépressive. Un traitement antidépresseur est parfois nécessaire. Mon expérience m'a aussi montré que la réintégration neuro-émotionnelle par mouvements oculaires (EMDR) est efficace pour apaiser la souffrance associée au souvenir des confrontations difficiles. Quand le sujet rapporte des scènes évoquant les comportements du harceleur, la détresse est parfois si forte et si ancrée que la parole ne suffit pas ou tout simplement ne surgit pas. La restructuration cognitive freine le travail de sape de ce souvenir, mais ne l'endigue pas toujours. La désensibilisation par mouvements oculaires consiste en une évocation du souvenir traumatisant, de la perception du ressenti émotionnel et de son vécu au niveau corporel. Cette méthode a fait la preuve de son efficacité dans le stress post-traumatique. Les mouvements oculaires permettent un retraitement du souvenir. En fin de traitement, le patient décrit souvent une mise à distance, et le souvenir prend une connotation émotionnelle neutre ou nettement diminuée. La personne peut sortir de la victimisation.

Si vous vous sentez dans une telle situation, demandez de l'aide afin de prendre du recul et distinguer ce qui est de l'ordre d'une relation difficile de ce qui relève d'un véritable harcèlement moral.

Vous vous sentez victime de harcèlement moral, que faire ?

– En parler autour de vous. Est-ce que vos collègues, vos proches partagent votre impression ?
– En parler à votre médecin traitant.
– Prendre rendez-vous avec le médecin du travail.
– Prendre contact avec une association.
– Consulter un psychiatre ou un psychologue.

Dans le couple

Toutes les règles énumérées précédemment restent valables dans cette configuration relationnelle. Mais l'affectif est dans ce contexte à son summum et les erreurs d'interprétation sont donc plus fréquentes.

Les chercheurs qui ont étudié les émotions dans le couple ont mis en évidence la grande différence qui existe entre le fait de mettre en cause l'action de l'autre et celui de mettre en cause sa personnalité. Nous avons déjà parlé de l'importance de rester centré sur les problèmes plutôt que d'attaquer l'image de l'autre. Quand on attaque l'autre personnellement sous le coup de la colère, on peut s'attendre à le voir couper court à la discussion ou à recevoir la pareille.

C'est la différence entre : « Quand tu es rentré du travail à 22 heures sans me prévenir, ça m'a rendu furieuse. J'aurais aimé que tu m'appelles pour m'avertir » et : « Tu n'es qu'un égoïste ! »

Au quotidien, il est important d'exprimer chaque problème avant que leur succession ne se transforme en nébuleuse conflictuelle. Il est fréquent, lors de la survenue d'un conflit, que l'on ressorte l'ardoise où se sont accumulées toutes les situations où l'on s'est senti blessé.

Une attaque personnelle risque de fermer l'autre. On peut utiliser toutes les règles que nous avons vues pour exprimer la colère sans essayer de culpabiliser l'autre. Chacun peut aider la relation en adoptant l'attitude « pas de reproches, pas d'accusation », mais rester centré sur les situations problèmes. L'écoute et l'empathie sont très importantes pour que l'autre n'ait pas l'impression que sa perception des problèmes est minimisée.

Savoir utiliser la métacommunication, c'est-à-dire la communication sur la communication. Par exemple : « Tout à l'heure, j'étais agressif avec toi parce que je voulais te dire que… »

Pourquoi tous ces efforts ? Les colères mutuelles peuvent éroder une relation. Quand les critiques, le mépris deviennent des attitudes habituelles, le couple court un danger. Si l'un des conjoints se sent victime, il va valider sa croyance négative sur lui et minimiser tout comportement positif de l'autre ; on est pris dans une spirale. Dans les cas difficiles, le couple ne doit pas hésiter à faire appel à un thérapeute qui servira de tiers.

Au-delà des conflits qui peuvent survenir sur des problèmes quotidiens, le conflit peut prendre naissance dans le positionnement trop symétrique (qui rappelons-le expose au risque d'escalade). C'est le cas quand le couple est constitué de deux personnalités fortes, le conflit pouvant alors porter sur le rôle de chacun dans le couple. Par exemple, si chacun veut régenter à son idée la vie du couple ou de la famille.

Si le positionnement est trop complémentaire, dans le cas d'une personnalité beaucoup plus forte ou d'une insécurité affective chez l'un des deux conjoints, on peut aboutir à une situation où celui qui est en position basse se sent « écrasé » ou dénié. Dans ce cas, la crise du couple peut survenir lorsque celui qui est en position basse reprend une position symétrique ; ou si celui qui est en position haute est fragilisé par un événement de vie et devient moins rassurant pour l'autre.

C'était l'histoire de Caroline, épouse dépendante, qui laissait son mari imposer toutes ses décisions dans tous les domaines. Après une psychothérapie, elle s'est sentie mieux et s'est mise à affirmer ses opinions et ses désirs. La crise a éclaté, son mari ne voulant pas perdre son rôle. Pour que le couple perdure, il a fallu que les rôles de chacun soient redéfinis.

Le positionnement relationnel idéal dans un couple comme dans toute relation est un alliage d'échanges symétriques et complémentaires selon les domaines. Dans les thérapies de couple, une modification thérapeutique peut consister à introduire une dose de symétrie dans la complémentarité, ou une dose de complémentarité dans la symétrie (voir les outils de la communication, page 119).

Les adolescents : quand l'agir l'emporte sur la parole

Il n'a été ici question que de conflits entre adultes. L'adolescent est un adulte en devenir. Sa particularité, les spécialistes de l'adolescence le savent bien, c'est que l'adolescent est plus dans l'agir que dans la parole. L'adolescence est la période des modifications pubertaires, de l'éveil sexuel, du désir d'indépendance, de l'affirmation de soi ; l'adolescent est en quête d'identité. La dépendance affective de l'adolescent devient contradictoire avec son besoin de devenir d'autonome.

Les parents idéalisés dans l'enfance s'avèrent ne pas être parfaits. Les comportements d'opposition sont fréquents au cours de cette période. De façon active, de la bouderie à l'agressivité, et de façon passive, en restant dans sa chambre, en ne faisant pas ce qu'on lui demande… « Ce n'est pas la peine que je lui propose quelque chose. Quand ça vient de ses parents, il n'écoute pas. À la rigueur, ce serait le voisin qui lui en parlerait, il écouterait plus !... », me disait un père. Les adolescents ont besoin d'une écoute attentive mais aussi d'un cadre et de limites qui peuvent les aider à surmonter les angoisses liées à cette période trouble de l'existence. La relation idéale des parents avec l'adolescent est faite d'autorité et de confiance. Le fait de poser un cadre n'est pas sans engendrer de conflits. Il est important de conserver le « canal de la parole » ouvert et d'aider l'adolescent à verbaliser ses émotions plutôt que de le laisser les mettre en acte. Un conflit peut aboutir à la fugue de l'adolescent.

Comment faire quand un conflit survient ? Y a-t-il une façon différente d'agir ?

Ce n'est pas facile. On n'agit pas avec un adolescent comme avec un adulte. Il est très important de ne pas rompre la communication. Je dirais que tout l'art réside dans le fait d'être souple tout en maintenant un cadre sécurisant.

Si l'adolescent se replie, ou, comme on dit communément, « fait la gueule », ce n'est pas forcément anormal à cette période. Cela correspond au paradoxe de l'adolescent pris dans ses besoins contradictoires : solliciter l'entourage familial et vouloir s'en éloigner à la fois. Il ne faut pas le laisser s'enfoncer dans l'isolement. Il faut parfois forcer l'échange que l'adolescent prétend refuser.

La particularité de cette relation est aussi qu'il ne faut pas trop exprimer ses émotions à un adolescent, pendant le conflit. On pourra le faire à distance. Des expressions comme « Tu nous fais souffrir », « Tu as vu dans quel état tu mets ta mère », « Tu as conscience du mal que tu nous fais » donnent à l'adolescent l'impression qu'il peut blesser, voire détruire l'adulte. Cela risque de l'angoisser. L'adulte ne doit pas rechercher son empathie, mais lui faire sentir la sienne pour être rassurant et contenant. L'adolescent a besoin de trouver des limites devant lui, pour gérer ses émotions et ses comportements impulsifs. Les parents doivent rester cohérents dans leur façon de voir l'éducation, et ne pas se contredire devant l'adolescent au cours d'un conflit avec lui.

Si une sanction s'impose, les parents seront en accord pour que l'un des deux ne passe pas pour le « mauvais objet ». Dans ce cas, le motif de la sanction restera centré sur le problème (l'acte). Une sanction n'est pas une humiliation. Il ne faut en aucun cas remettre en cause l'image de l'adolescent. Donc proscrivez toutes les expressions portant sur la valeur comme : « Tu n'es pas capable », « Tu n'es pas digne de confiance », « On ne fera rien de bon de toi »...

Pour les adolescents qui s'opposent tout le temps, on peut essayer les « demandes paradoxales », c'est-à-dire énoncer l'inverse de ce que l'on souhaite : « Tu ne voudras probablement pas venir en ville avec nous ? », « Tu n'auras probablement pas fini tes devoirs ce soir ? »

Quand la relation avec l'adolescent devient ingérable, que les parents ne s'en sortent plus, l'intervention d'un tiers peut être particulièrement constructive. Le médiateur peut être un proche, un ami de la famille, en qui l'adolescent a confiance. Le recours à un spécialiste peut s'avérer utile.

La famille

La famille est un « creuset » particulier où l'on en vient à fréquenter des personnes que, sinon, on ne fréquenterait peut-être pas. Il y a les liens du sang, et une histoire commune ancestrale. Il est exceptionnel que tout se passe bien dans une famille. Les conflits familiaux sont inévitables. Le tout est d'essayer de gérer les difficultés relationnelles au mieux. Pour garder une certaine cohésion, on est en général amené à faire des compromis.

Qu'est-ce qui fait la particularité d'un conflit familial par rapport à un conflit survenant dans un autre contexte ?

Tout cela tient au fait que la famille est une constellation interpsychique très complexe où les dettes anciennes, les vieilles rivalités fraternelles peuvent ne pas avoir trouvé d'issue et réémerger à l'occasion d'une difficulté relationnelle, d'un événement. La nature de la relation est souvent confondue avec le problème qui génère le désaccord, tant l'affectif est fort. La difficulté relationnelle peut réactiver des émotions qui n'ont pas été dites, d'anciennes « querelles de bac à sable » non résolues. En tant que membre d'une famille, vous êtes immergé dans toutes ces interrelations. Il est fréquent que les difficultés surviennent dès qu'il y a des modifications dans la structure familiale : un mariage (les belles-sœurs les beaux-frères qui sont des pièces rapportées), une naissance, un décès...

Il faut parfois naviguer dans toutes les difficultés relationnelles des uns et des autres. Donc la prudence s'impose : il est très important de ne pas prendre parti et de ne pas vous laisser entraîner par vos émotions dans le conflit. Vous devez comprendre que certains liens familiaux sont parfois irrationnels, et que, prendre parti, c'est voir le problème sans tenir compte de la nature de la relation de deux ou plusieurs membres de la famille qui sont en conflit. Vous ne percevez peut-être pas l'histoire de leur relation, l'affectif peut vous empêcher de prendre du recul.

En cas de conflit familial, l'attitude idéale serait de ne pas exprimer son opinion sur les comportements des uns et des autres, de ne pas se rallier à un camp, de ne rompre le dialogue avec aucun des proches impliqués dans le conflit. Si vous le souhaitez, vous pouvez tenter une médiation.

Mais si les conflits sont répétitifs, vous vous lasserez. Le mieux est alors de garder votre position à savoir que pour vous personne n'a tort ni raison, vous vous contentez d'avoir de bonnes relations avec chacun.

Si vous êtes impliqué dans le conflit, efforcez-vous de le résoudre comme dans les autres relations. Pour éviter que cela ne recommence, veillez à ce que le problème soit résolu et gérez chaque désaccord comme vous savez le faire maintenant.

Si une personne de votre famille a une personnalité difficile, vous nuit, recherche le conflit de façon répétée, et que vous pensez avoir donné le meilleur de vous-même, demandez-vous : dois-je continuer d'essayer à tout prix d'avoir de bonnes relations avec ce membre de ma famille ?

L'agressivité au volant

La conduite automobile est un domaine où l'agressivité trouve matière à s'exprimer. Certaines personnes plutôt calmes dans la vie, laissent volontiers libre cours à leur agressivité quand elles sont dans leur voiture. Tout se passe comme si la situation confinée du conducteur lui donnait, à tort, l'impression d'être protégé. Le stress induit par les bouchons, les retards met déjà le conducteur dans un état émotionnel d'alerte. La moindre frustration (une queue de poisson, un conducteur qui n'avance pas) ou un geste agressif déclenche l'ébullition dans le cerveau émotionnel qui prend rapidement le dessus sur le cerveau rationnel. Nous avons tous déjà assisté à une altercation entre automobilistes, et de l'extérieur on est parfois sidéré par la rapidité de l'escalade du conflit et le caractère inapproprié des réactions de chacun.

Dans un éditorial intitulé « Road Rage », un journaliste américain s'interrogeait en 1994 sur l'augmentation des incidents violents impliquant des automobilistes constatés dans les différents rapports de presse. Dans de nombreux cas, remarquait-il, on assiste à une irruption d'un automobiliste mû par une rage incontrôlable pour exiger réparation de la part d'un autre automobiliste ou d'un piéton. Ces incidents ont pour origine une légère remontrance ou un geste, et se terminent par l'expulsion de son véhicule du conducteur fautif qui parfois est battu. Selon les organisations de police américaines, le problème empirerait. Cela serait peut-être dû à l'augmentation du trafic et du nombre de voitures.

Que se passe-t-il quand nous prenons le volant ? Comment se fait-il que des gens réputés calmes, affables se trouvent acteurs de situations violentes ? Il y aurait comme un retour de l'homme à l'état sauvage qui lutterait pour préserver son territoire. Nous voilà donc, nous hommes modernes, revenus au temps des gladiateurs avec leurs chars !... L'auteur propose même de qualifier ce phénomène de « Road Rage Syndrome ».

En 1993, aux États-Unis encore où sont actuellement effectuées les études sur ce sujet, 1 500 personnes furent tuées ou blessées à la suite d'altercations sur les routes. Beaucoup d'agresseurs disent éprouver des regrets et ne pas comprendre leur comportement. La raison le plus souvent invoquée est le souhait de gagner quelques mètres dans une file, quelques minutes dans une journée trop remplie. On fera facilement le lien avec le stress.

Actuellement, l'accent est mis aux États-Unis sur la prévention, reposant sur l'éducation des automobilistes, sur le fait d'autoriser plus de temps pour les trajets.

Il ressort d'études anglo-saxonnes récentes, que des facteurs tels que le sexe, l'âge, la façon de conduire, l'hostilité au volant interagissent.

Les deux facteurs les plus importants pour prédire le comportement d'un conducteur et la probabilité de survenue d'un accident sont l'âge et l'agressivité. Les conducteurs jeunes (18-30 ans) conduisent plus vite, grillent plus facilement les feux et prennent le volant en étant alcoolisés. Ils ont presque deux fois plus d'accidents que les sujets plus âgés. D'autre part, les hommes s'engagent plus volontiers dans des situations à risque : rouler vite, boire en conduisant, griller les feux, et ce d'autant plus qu'ils sont jeunes. Ils sont plus souvent impliqués dans des accidents que les femmes. Un fait intéressant est que le célibat augmente le risque d'accident, cela serait peut-être dû à l'âge. Il existe toute une littérature sur le rôle de la personnalité de l'automobiliste dans les accidents de la route. L'agressivité représentée par les gestes indécents, la tendance aux disputes sont plus souvent présentes chez les conducteurs qui passent au rouge et qui roulent vite. Le conducteur agressif est le plus souvent un homme. On voit donc que l'agressivité au volant est associée à la tendance à commettre des infractions, à la conduite rapide, au manque de minutie dans les prises de décision, et qu'ainsi elle participe à l'augmentation du risque d'accident. On retrouve peu de publications sur la personnalité des conducteurs qui agressent. Certains parlent de *caractériels*, d'*immatures*, mais cela ne repose pas sur des investigations menées scientifiquement. Une étude réalisée en France à Toulouse montre que l'altercation oppose le plus souvent deux hommes (80,1 %). Entre un homme et une femme, cela représente 15,8 % des cas, entre deux femmes seulement 4,1 %. L'altercation découle principalement d'irrégularités de conduite (queue de poisson, refus de priorité), d'un accrochage matériel mineur, d'insultes verbales, gestuelles, et d'un coup de Klaxon.

Si j'ai quelques conseils à donner, c'est de ne pas donner suite à un comportement que vous pourriez interpréter comme agressif quand vous conduisez. Sachez que vous ne savez pas à qui vous avez affaire et que l'on peut perdre rapidement le contrôle de la situation. Les conséquences d'une altercation peuvent être dramatiques, on a tendance à l'oublier. Apprenez à gérer votre colère, donnez des signes d'apaisement si vous avez commis une faute, comme un geste de la main, un sourire. Si l'autre vous insulte, entendez qu'il est en colère, mais ne partez pas dans la surenchère. Vous vous épargnerez une mauvaise journée et vous ménagerez votre cerveau émotionnel.

Conclusion

Le message de cet ouvrage n'est pas de nier les relations difficiles ou les conflits. Vous ne pouvez les éviter ; mais, pour avoir de bonnes relations avec les autres, ne laissez pas ces difficultés générer frustrations et rancœurs. Savoir résoudre les désaccords, accepter et bien vivre les difficultés relationnelles, est essentiel à votre bien-être.

Plus vous vous y emploierez, plus vous en ressentirez les bienfaits. Vous vous sentirez renforcé et confiant : de nouvelles difficultés se présentent ? Vous savez qu'elles ne vous empêcheront pas d'avoir de bonnes relations et vous les appréhendez déjà plus sereinement. Vous ne dépenserez plus en vain votre temps et votre énergie dans des difficultés relationnelles inutiles et pourrez enfin concentrer toute votre attention sur la réalisation de vos projets ou sur des relations plus constructives.

Les difficultés rencontrées peuvent elles-mêmes s'avérer bénéfiques. Elles vous offrent une fenêtre sur vous et sur les autres : en comprenant comment vous les traversez, vous apprenez à mieux vous connaître et à mieux connaître les autres. Lorsque vous les surmontez dans un esprit de collaboration réciproque, elles vous permettent de renforcer vos relations.

Enfin, si être en paix avec soi-même permet d'être en paix avec les autres, l'inverse est tout aussi vrai.

48 conseils pour avoir de bonnes relations avec les autres

1. N'évitez pas les conflits.

2. N'essayez pas de lire les pensées des autres.

3. Repérez vos déclics.

4. Repérez vos erreurs d'interprétation.

5. Ne réagissez pas dans la colère.

6. Apprenez à maîtriser votre colère.

7. Si vous vous êtes trompé, dites-le.

8. Sachez qu'aller vers l'autre dans un conflit n'est pas être faible.

9. Soyez apaisant pour les autres.

10. Calmez les difficultés relationnelles des autres.

11. Acceptez les compliments.

12. Utilisez les demandes paradoxales avec les personnalités qui s'opposent.

13. N'écoutez pas les médisances et n'en faites pas.

14. Acceptez les désaccords.

15. Ne culpabilisez pas les autres.

16. Ne faites pas de reproches.

17. Admettez que vous pouvez commettre des erreurs et les autres aussi.

18. Exprimez vos émotions.

19. Abordez les problèmes quand ils se présentent.

20. Résolvez les conflits avec les autres.

21. Cessez de vous étiqueter ou d'étiqueter les autres.

22. Ne personnalisez pas.

23. Focalisez-vous sur l'aspect positif de votre relation.

24. Passez le plus de temps possible
avec des gens positifs.

25. Parlez avec votre cœur.

26. Ne dites pas l'inverse de ce que vous ressentez.

27. Accusez réception des demandes
ou critiques des autres.

28. Répondez aux demandes en accord
avec ce que vous pensez.

29. Dites non si vous pensez non. Dites oui si vous
pensez oui. Ne dites pas oui si vous pensez non.

30. Essayez de comprendre les autres.

31. Faites des cadeaux même symboliques.

32. Prenez plaisir à faire plaisir.

33. Rendez service.

34. Encouragez les autres.

35. Ne vous lancez pas dans
des discussions contradictoires.

36. Ne vous opposez pas à l'opinion des autres. Acceptez-la.

37. Partagez des passions.

38. Intéressez-vous à ce que les autres aiment.

39. Quand vous êtes de mauvaise humeur, ne la partagez pas.

40. Ne rendez pas les autres responsables de vos problèmes.

41. Essayez de voir le positif chez les autres.

42. Fuyez ceux qui vous tirent vers le bas.

43. Tirez les autres vers le haut.

44. Partagez chaque moment formidable.

45. Faites des critiques positives.

46. Dites aux autres ce que vous aimez chez eux.

47. Entretenez vos relations.

48. Demandez-vous chaque jour : « Qu'ai-je fait aujourd'hui pour avoir de bonnes relations ? »

Références bibliographiques

Ouvrages généraux

ALBERTI R. E., EMMONS M. L., *S'affirmer*, Le Jour éditeur, 1992.

ANDRÉ C. (avec François Lelord), *L'Estime de soi*, Odile Jacob, 1999.

ANDRÉ C. (avec François Lelord), *Comment gérer les personnalités difficiles*, Odile Jacob, 1997.

BECK AARON T., *Prisonniers de la haine*, Masson, 2002.

BECK AARON T., *Love is never enough*, HarperPerennial (A Division of HarperCollinsPublishers), 1988.

BECK AARON T., ÉMERY G., *Anxiety disorders and phobias : A Cognitive Perpective*, Basic Books, 1985.

BOISVERT J. M., BEAUDRY M., *S'affirmer et communiquer*, Éditions de l'Homme, 1979.

BURNS D., *Se libérer de l'anxiété*, Lattès, 1996.

CHILDRE D., ROZMAN D., *Transforming Anger*, New Harbinger Publication, Inc, 2003.

COTTRAUX J., BLACKBURN I. M., *Thérapies cognitives des troubles de la personnalité*, Masson, « Médecine et psychothérapie », 1995.

DAMASIO A. R., *L'Erreur de Descartes*, Odile Jacob, 1995.

DANTZER R., *L'Illusion psychosomatique*, Points-Seuil-Odile Jacob, 1989.

GOLEMAN D., *L'Intelligence émotionnelle*, Robert Laffont, 1997.

HIRIGOYEN M.-F., *Le Harcèlement moral. La violence perverse au quotidien*, Syros, 1998.

JEAMMET P., *L'Adolescence*, Solar, 2002.

MAUREY G., *Le Couple malade*, Masson, « Médecine et psychothérapie », 1977.

MARCELLI D., BRACONNIER A., *Adolescence et psychopathologie*, Masson, Paris, 2000.

MOSER G., *L'Agression*, PUF, « Que sais-je ? », 1987.

SCOTT J., *Overcoming mood swings*, Robinson, 2001.

SERVAN-SCHREIBER D., *Guérir*, Robert Laffont, 2003.

WATZLAWICK P., BEAVIN J. H., JACKSON D. D., *Une logique de communication*, Seuil, 1972.

ZACZYK C., *L'Agressivité au quotidien*, Bayard, 1998.

Articles scientifiques

BLOCKEY P. N., HARTLEY L. R., « Aberrant driving behaviour : errors and violations », *Ergonomics*, 38(9) : 1759-71, 1995 septembre.

BOISVERT J. M., BEAUDRY M., « Traiter ou prévenir les conflits conjugaux ? », *Journal de thérapie comportementale et cognitive*, 1997, 7, 2 : 66-70.

CHANG P. P. *et al.*, « Anger in young men and subsequent premature cardiovascular disease : the precursors study », *Arch. Intern. Med.*, 2002 22 avril, 162(8) : 901-65.

CONSOLI S. M., « Stress et appareil cardiovasculaire », *L'Encéphale*, 1993 ; XIX : 163-170.

FAVA M., ANDERSON K., ROSENBAUM J. M., « "Anger attacks" : possible variants of panic and major depressive disorders », *Am. J. Psychiatry*, 1990, 147 : 867-870.

HARDY P., FÉLINE A., « L'Irritabilité », *Entretiens de Bichat*, Médecine, 1986 : 203-206.

HENENWAY D., SOLNICK S. J., « Fuzzy dice, dream cars, and indecent gestures : correlates of driver behavior ? », *Accident Analysis and prevention*, 25(2) : 161-70, 1993 avril.

MCCRATY R., ATKINSON M. *et al.*, 1995, « The effects of emotions on short term heart rate variability using power spectrum analysis », *American Journal of Cardiology*, 76 (14) : 1089-93.

MC GRATH P. J., ROBINSON D., STEWART J. W., « Atypical panic attacks in major depression (letter) », *Am. J. Psychiatry*, 1985, 142 : 1224.

PARKER D., WEST R., STRADLING S., MANSTEAD A. S., « Behavioural characteristics and involvement in different types of traffic accident », *Accident Analysis and prevention*, 27(4) : 571-81, 1995 août.

SNAITH R. P., TAYLOR C. M., « Irritability : definition, assessment, and associated factors », *Br. J. Psychiatry*, 1985, 147 : 127-136.

TELMON N. *et al.*, « Violences et circulation routière », *Le Concours médical*, 1993, 115, 4 : 243-246.

WRIGHT B. Road Rage(editorial), « Accident and Emergency Nursing », 2(4) : 181, 1994 octobre.

Filmographie

LA GUERRE DES ROSE, un film de Danny DeVito, 1989, Twientieth Century Fox Film Corporation.

(Ce film illustre très bien l'escalade symétrique dans un conflit.)

Remerciements

À Odile Jacob pour sa confiance.

À Gaëlle Fontaine, responsable éditoriale, pour sa finesse d'esprit et son « intelligence émotionnelle ».

À Catherine Meyer, qui sait allier la gentillesse et la rigueur que nécessite la publication d'un ouvrage. Merci d'avoir initié le projet.

À Christophe André, pour son aide et ses précieux conseils. Sa première lecture a été capitale.

À David Servan-Schreiber, pour ses encouragements amicaux et sa générosité dans le partage de ses connaissances.

À Jean-Luc Fidel qui, après m'avoir aidé pour mon précédent ouvrage, a œuvré pour que le deuxième devienne une réalité.

À Dominique Renoux, responsable artistique, pour son talent et sa gentillesse.

À toute l'équipe des éditions Odile Jacob qui a contribué à mener à bien ce projet.

À Diane Cassigneul de Gunzburg, pour ses encouragements et nos échanges « éclairés ».

À Dany Marcadet, un cardiologue qui sait aussi bien écouter le cœur de ses patients que leur parole. Merci d'avoir veillé à ce que les explications sur la « cohérence cardiaque » soient limpides.

Aux patients qui, tous les jours, me permettent d'améliorer ma pratique.

À mes amis et proches… Toutes ces personnes avec qui il est agréable d'avoir de bonnes relations !…

Table

Ouvrage proposé par Christophe André

Cet ouvrage a été transcodé et mis en pages
chez Nord Compo (Villeneuve d'Ascq)

Impression réalisée par

CPi
BRODARD & TAUPIN

La Flèche (Sarthe), le 02-08-2010
N° d'impression : 59451
N° d'édition : 7381-2372-1
Dépôt légal : mai 2008
Imprimé en France